Michael Schneider

Im Feiern zu Hause

Michael Schneider

Im Feiern zu Hause

Mit Geschichten der Bibel - von Menschen, die Gott, das Leben und sich selbst zu feiern haben

Fromm Verlag

Impressum/Imprint (nur für Deutschland/ only for Germany)
Bibliografische Information der Deutschen Nationalbibliothek: Die Deutsche Nationalbibliothek verzeichnet diese Publikation in der Deutschen Nationalbibliografie; detaillierte bibliografische Daten sind im Internet über http://dnb.d-nb.de abrufbar.

Coverbild: www.ingimage.com

Contact:
International Book Market Service Ltd., 17 Rue Meldrum, Beau Bassin, 1713-01 Mauritius
Website: www.bookmarketservice.com
Email: info@bookmarketservice.com

Gedruckt in: USA, UK, Deutschland. Dieses Buch wurde nicht in Mauritius produziert.

Imprint (only for USA, GB)
Bibliographic information published by the Deutsche Nationalbibliothek: The Deutsche Nationalbibliothek lists this publication in the Deutsche Nationalbibliografie; detailed bibliographic data are available in the Internet at http://dnb.d-nb.de.

Cover image: www.ingimage.com

Contact:
International Book Market Service Ltd., 17 Rue Meldrum, Beau Bassin, 1713-01 Mauritius
Website: www.bookmarketservice.com
Email: info@bookmarketservice.com

Printed in: U.S.A., U.K., Germany. This book was not produced in Mauritius.

ISBN: 978-3-8416-0093-6

Inhalt

II SO SCHÖN KANN FEIERN SEIN

Vorwort

In der gleichen Vielfalt, in der Menschen durch ihren Alltag gehen, feiern sie darüber hinaus in bunten Farben und Festen sich selbst, das Leben und ihren Schöpfer. Wiederkehrende Jahresfeste oder einmalige Lebensfeiern, schlichte Naturfeste oder pompöse Staatszeremonien - Menschen sind nicht nur im Alltag, sondern ebenso intensiv in ihrem Feiern zu Hause. Und weil gerade auch die biblischen Geschichten aus dem Leben der Menschen erzählen, wissen sie dabei natürlich eine Menge aus deren Feiern zu berichten. Aber dass gefeiert wird, ist natürlich viel älter als die ältesten Geschichten der Bibel. Im Feiern von Festen werden Traditionen übernommen und weitergeben und dabei auch verändert; im Feiern von Festen wird an Vergangenes erinnert, um dessen Wert auch für die Zukunft am Leben zu erhalten; im Feiern von Festen werden Botschaften und Inhalte überliefert; und wenngleich manches davon im Laufe der Zeit dennoch verloren geht, so bleibt doch die Tatsache erhalten, dass der Mensch eben doch nicht nur in seinem Alltag, sondern gerade auch in seinem Feiern zu Hause ist. Der Anlass und die Botschaft vieler Feste haben sich durch die Zeiten hindurch oft verändert und tun dies auch weiterhin, aber dass gefeiert wird, dies bleibt auf jeden Fall bestehen. Auch Gott zum Lob und Dank.

I WAS GIBT ES NICHT ALLES ZU FEIERN

1

Immer gibt´s etwas zu feiern

Seit Menschen auf dieser Erde zu Hause sind, feiern sie sich und das Leben. Das Leben ist es wert, gefeiert zu werden. Lasst uns also heute Essen und Trinken - wer weiß schon, wer Morgen noch die Möglichkeit dazu hat. Zum Leben gehört es, Feste zu feiern. Was wäre das Eine ohne das Andere?
Freilich - nicht jeder, der am Leben ist, wird immer feiern können. Aber jeder, der feiert, spürt, dass er am Leben ist und genießt es dabei von einer seiner schönsten Seiten.
Tief versteckt hinter abgeleiteten Formen von Sprache zeigt sich dabei, dass natürlich weit mehr hinter einem Fest steht, als es bei mancher Art des Feierns den Anschein vermittelt. Weit versteckt hinter abgeleiteten Formen von Wortstämmen und Vokabeln ganz unterschiedlicher Sprachen verbirgt sich hinter dem „Fest" das „fanum". Das Religiöse, gar das Göttliche, das Geheimnisvolle, das Wunder- und das Sonderbare darf die Quelle jeden Feierns sein.

Seit Menschen auf dieser Erde zu Hause sind, feiern sie sich und das Leben. Und Menschen, die in ihrer Zeit zugleich dem Geheimnis des Göttlichen auf die Spur kommen wollen, begegnen dem Heiligen nicht irgendwie und irgendwo, auch nicht irgendwann und zufällig, sondern gerade im Feiern von Festen - auch wenn sich nicht jedes Fest dieser Ursprünglichkeit bewusst ist oder andere sich davon bewusst entfernt haben.

Feste wollen über den Alltag hinausschauen. Feste wollen den Alltag einmal Alltag sein und somit zugleich hinter sich lassen. Des Menschen Alltag hat wahrlich eine Menge zu bieten und kann zugleich Wesentliches des Lebens eben doch nicht ausfüllen. Indem Feste über den Alltag hinausblicken, indem Feste diesen sogar hinter sich lassen oder auch für eine gewisse Zeit verdrängen, ermöglichen sie, was der Alltag nicht zu bieten hat: Wieder einmal Anderes erleben und bei weitem mehr spüren, als es das Gegenwärtige zu vermitteln vermag.

Gott sei Dank gibt es mehr als das Jetzt und das Hier innerhalb der Grenzen dieser Welt. Feste wollen darüber hinaus schauen und hinter ihrem Feiern verbergen sich die Dankbarkeit und die Freude, die Gelassenheit und die Fröhlichkeit, die sich im Alltag in seiner Arbeit und Mühe eben doch nur bedingt erkennen und empfinden lassen.
Feste sprengen die Grenzen des Alltages. Und so wie sich in abgeleiteten Formen von Sprache hinter dem Wort „Fest“ das „fanum“ verbirgt, so lässt sich im Feiern des Menschen zugleich die Gegenwart des Heiligen erahnen. Ja, Feste vermögen gar mehr als

nur die Grenzen des Alltages zu sprengen. Im Feiern von Festen bestellen sich Menschen Himmlisches in ihre Gegenwart. Sie feiern sich selbst, das Leben und in erster Linie die Quelle allen Lebens. Gott sei Dank gibt es dies zu jeder Zeit zu feiern.

Bevor jedoch ein Fest gefeiert werden kann, muss erst einige Zeit vergehen. Vor dem fanum ist Alltag. Das Profane des Lebens, das Alltägliche gilt es zuvor zu bestehen. Bevor gesungen und getanzt, gegessen und getrunken, erzählt und erinnert, gedankt und auch gelacht werden kann, gibt es eine Menge zu tun. Feste wollen schließlich gut vorbereitet sein.
Wer lange genug in seinem Alltag unterwegs war, wird die Vorfreude anstehender Feste zu schätzen wissen. Wer lange genug in seinem Leben nichts mehr zu feiern hatte, wird umso mehr die Freude spüren, die bereits die Vorbereitung der Festzeit mit sich bringen kann.
Feste wollen also gut vorbereitet, auf sie sollte man gut gerüstet sein. Und so ist allein schon die Rüstzeit auf die Feiertage eine in sich wertvolle und äußerst sinnvolle Zeit.

Die Bibel und ihre Geschichten haben ihren Lesern, wann immer sie einen besonderen Weg beschreiben wollen, eine besondere Zahl mit auf den Weg gegeben.
* „Von heute an in sieben Tagen soll es regnen, und zwar 40 Tage lang und zudem 40 Nächte lang“ - so die biblischen Worte in der alten Noah- und dessen Sintflutgeschichte. Nach 7 Tagen (auch dies eine besondere Zahl im Erzählen der biblischen Geschichten) folgt ein besonderer Weg, eine besondere Zeit. Und wann immer

Menschen mit ihrem Gott auf besondere Weise eine Weg- oder auch eine Zeitstrecke unterwegs gewesen sind, wird sich sehr oft dabei eine 40 finden lassen.
* Oder auch das Gottesvolk unterwegs in der Wüste. Herkommend aus Ägypten, den Sinai vor Augen und diesen danach mit wertvollem Gepäck wieder hinter sich gelassen und irgendwann schließlich im neuen Land angekommen. Irgendwann? 40 Jahre Weg und Zeit dauerte dieser besondere Weg Gottes mit seinen Menschen.
* Auch Jesus war einst unterwegs in der Wüste. Eine ganz andere Geschichte. An dieser Stelle sei gesagt, dass auch dieser Weg ein besonderer und auch diese Zeit eine außergewöhnliche für Jesus gewesen sind. 40 Tage war Jesus in der Einsamkeit der Wüste. 40 Tage und 40 Nächte fastete Jesus.
Wann immer wir in der Bibel der Zahl 40 begegnen, werden sich alles andere als ein ganz gewöhnlicher Weg und alles andere als eine rein zufällige Zeit dahinter verbergen.

Statt also einfach nur ins Blaue hinein zu feiern, wird es Festen gut tun, diese und nicht zuletzt auch sich selbst gut vorzubereiten. Und weil allein schon die Rüstzeit auf die Feiertage eine in sich wertvolle und äußerst sinnvolle Zeit ist, dauern manche sogar 40 Tage.
Der Christen ältestes Fest zu feiern, wäre wohl ohne diese besondere und in sich wertvolle Zeit nicht gut möglich. Bevor am Ostermorgen das Fest beginnen kann, stehen 40 Tage der Zurüstung an - und der Möglichkeiten gibt es viele, für sich selbst diese Zeit in dieser Weise auszufüllen.

Ja, wer lange genug in seinem Leben nichts mehr zu feiern hatte, wird umso mehr die Freude spüren, die allein schon die Vorbereitung der Festzeit mit sich bringen kann. Deren eigenständige Bedeutung sollte niemals unterschätzt werden. Des Volkes Mund und dessen alte Weisheit sprechen nicht umsonst davon, dass die Vorfreude sogar die schönste Freude dabei ist.
Dies braucht nun der eigentlichen Festzeit gegenüber ganz und gar nicht als abwertend verstanden werden. Aber wird nicht wirklich längst schon ein Fest gefeiert, bevor es eigentlich beginnt? Als ein Vorfeiern sicher nicht, und doch im Vorplanen und Vordenken, im Vorbereiten und Vorfreuen. Und wenngleich alle Vorbereitungszeit noch in den Alltag gehört, so lässt sich doch das Licht des Festes von weitem schon erahnen. Und weil es hier und da sogar ein wenig schon zu sehen ist, kann jede Rüstzeit auf ein Fest den Alltag sogar ein wenig heller werden lassen.
Ja, die Menschen können ihrem Heiligen nicht nur im Feiern der Feste selbst begegnen, sondern bei weitem schon zuvor.

Menschen suchen Gott auf verschiedene Weise in ihrem Leben. Der Eine fragt genauer als der Andere. Der Dritte scheint um mehr zu wissen, als es sich der Vierte je vorstellen kann. Mancher sucht in kleinsten Erlebnissen nach göttlichen Spuren in seinem Leben, Andere betrachten die Dinge aus größerer Distanz. Und so bleibt die Frage: Wo lässt sich Gott ganz sicher finden? Wann ist es Zeit, dem Heiligen zu begegnen? Seit Menschen auf dieser Erde zu Hause sind, empfinden sie ihre Festzeiten als heilige Zeit. Im Feiern sowohl von Lebens- als auch von Jahresfesten, die für viele Menschen zugleich Glaubensfeste sind, lässt sich Gott ganz sicher finden.

Manchmal mag es dabei den Anschein haben, als ginge es beim Feiern ausschließlich um die schönen Momente des Lebens, um Freude und um Glück, um Ausgelassenheit und deren Fröhlichkeit. Des Lebens Feier jedoch ist mehr als dies, und so gehören auch Trauerfeiern zum Feiern in dieser Welt; ja, auch Trauerfeiern sind heilige Zeiten. Auch hier lässt sich Gott ganz sicher finden.

Wann immer Menschen also ihr Leben, sich selbst und ihren Schöpfer feiern, sei es zur Taufe oder vor dem Grab, sei es zur Hochzeit oder anlässlich deren Jubiläen, sei es zur Firmung oder zur Einsegnung, oder auch in allen Jahresfesten dürfen sie sich des Einen ganz gewiss sein - dass Gott sich darin finden lässt. Und so hat alles Feiern seinen Grund. An des Lebens Grund und Quelle kann sich hier erinnert werden.
Menschen, die in ihrem Leben zu Hause sind, werden also immer was zu feiern haben. Das Leben ist es wert, gefeiert zu werden; und des Lebens Quelle um so mehr.

I WAS GIBT ES NICHT ALLES ZU FEIERN

2

Jede Woche gibt´s etwas zu feiern

Festzeit ist besondere Zeit. Alltagszeit dagegen ist profane Zeit, die Zeit vor dem Fest. Erst die Arbeit also und dann das Feiern! Alten jüdischen Glaubensliedern ist diese Reihenfolge wichtig. Ganz zu Beginn der Bibel lässt sich eines dieser bekannten Glaubenslieder finden. In ihrem Leben zu Hause sangen es die Menschen oft.

Nach sechs Tagen Arbeit ruhte Gott - so lesen wir es in den Worten der uns heiligen Schriften. Nach sechs Tagen Schaffen und Mühen, nach sechs Tagen Stress und Unruhe, nach sechs Tagen Ruhelosigkeit und Arbeit wartet das Heilige am siebenten Tag und schenkt Ruhe und Stärkung, Kraft und neuen Mut.
Nach sechs Tagen wird es endlich wieder Zeit, sich dem Heiligen zu nähern, sich dem Göttlichen erneut bewusst zu werden und aufs Neue zu erkennen, dass alles Leben doch nicht aus sich selbst heraus zu schaffen ist und hinter jeder Mühe und stolzer Arbeit die Quelle allen Lebens steht. Am siebenten Tage darfst du ruhen von

deiner Arbeit Mühe. Es ist Zeit, dem Heiligen des Lebens seinen Raum zu geben. Manchem darf auch gesagt sein: Am siebenten Tage solltest du ruhen! Nicht dass das Heilige es nötig hätte, dass der Mensch ihm Raum in seinem Leben lässt. Dem Menschen selbst wird es gut tun, auf diesen alten Rat zu hören.
Erst die Arbeit, dann jedoch die Ruhe - wenngleich natürlich auch Ruhe Vergnügen bereiten darf. Das Heilige lässt sich vielfältig begegnen. Auf welche Weise lässt sich nicht alles das Leben feiern und nach dessen Ursprung dabei fragen?
Nach sechs Tagen Profanem ist es wieder Zeit, sich des Schöpfers zu erinnern und dieses darf gefeiert werden. Sei es im Gotteshaus mit der Gemeinschaft der Gläubigen oder auch allein in der Natur, sei es in der Gemeinschaft der Familie oder auch allein an einem für sich heiligen Ort. Der Arten und der Weisen gibt es eine ganze Menge, sich nach der Tage Arbeit wieder Ruhe und Freizeit, inneren Frieden und neuen Mut schenken zu lassen.

Erst die Arbeit und danach das Vergnügen? Geht es nicht auch umgekehrt? Christliche Glaubenslieder kennen auch die andere Reihenfolge. Erst die Ruhe, dann die Arbeit. Der Christen heiliger Tag steht am Anfang jeder Woche. An der Woche erstem Tag kommen Christen zusammen und feiern die Auferstehung ihres Herrn. Einen Tag darfst du ruhen, solltest du ruhen, und dann gilt es mit neuer Kraft aufzustehen für die übrigen Tage jeder Woche.

Erst die Arbeit und danach die Ruhe? Oder umgekehrt? Sollte also lieber aus der Arbeit heraus geruht oder doch eher aus der Ruhe heraus gearbeitet werden? Auch hier wie in so vielen anderen

Fragen des Lebens können Menschen sehr verschieden sein. Es gibt Menschen, die erst alle Arbeit beendet haben müssen, um innerlich zur Ruhe zu kommen. Erst wenn alles Tun geschafft ist, haben sie die Freiheit, die Beine hochzulegen und den Feierabend zu genießen. Und es gibt Menschen, die erst einmal zur Ruhe kommen müssen, um aus dieser heraus an ihr Werk zu gehen.
Und so sagt der Eine zum Anderen: „Ruh´ dich doch erst mal aus und beginn dann mit neuer Kraft die Arbeit!“ und der Andere entgegnet: „Ausruhen kann ich mich immer noch, zuvor jedoch muss alles erst geschafft sein.“
Die Charaktere der Menschen sind eben doch in vielen Fragen des Lebens sehr unterschiedlich. Und so sollte jeder dabei versuchen, den anderen verstehen zu lernen, wenngleich er ihn dennoch nicht verstehen kann.

Es könnte nun gestritten werden, was wohl die bessere Art zu leben ist. Jüdische Glaubenslieder besingen mit dem siebenten den zugleich letzten Tag der Woche als den besonderen, den Ruhetag. Christliche Glaubenslieder kennen auch die andere Reihenfolge. „Auferstanden ist der Herr…“ - und dies am ersten Tag der Woche. An jedem ersten Tag der Woche, an jedem Sonntag feiern Christen die Auferstehung ihres Herrn in ihren Gottesdiensten und singen dabei ihre Glaubenslieder. Mit dem freien Tag beginnt die neue Woche. Und aus der Kraft der Auferstehung heraus gehen ihre Sänger in den Alltag hinein.
Im Laufe der Zeit und in der Abfolge der einzelnen Wochen wird es wohl nicht allzu relevant sein, ob dabei nun der erste oder auch der letzte Tag gefeiert wird. Und auch was den Charakter der Menschen

angeht, so werden wohl hier wie da solche und solche zu finden sein. Es darf einerseits dahingestellt sein und kann zudem dort stehen gelassen werden, welche Sicht die bessere ist. Wenn der Eine jedoch, bevor er sich mal eine Pause oder gar den Feierabend gönnt, zuvor vor Erschöpfung zusammenbricht ist genauso wenig geholfen und gekonnt als wenn der Andere aus seinem Ruhen heraus nicht den Anfang findet und nur schwer in die Gänge kommt. Man mag es letztlich drehen und wenden wie man will, auf alle Fälle folgt doch immer wieder neu nach sechs Tagen auch ein Ruhetag, selbst dann, würde dieser in der Mitte einer Woche gefeiert werden. Und so bleibt es ein wunderbares Zeichen in den Worten der Bibel, dass beide Arten Lieder gesungen werden können und im Feiern der Menschen zu Hause sind.
Am Ende wird es wichtig dabei sein, dass der Mensch überhaupt zu unterscheiden weiß - zwischen Arbeit und Freizeit, zwischen dem Profanen des Alltages und dem Besonderen der Festzeit, zwischen den sechs Tagen einerseits und dem Siebenten derer gegenüber.

Man stelle sich eine Welt vor, in der jeder Tag wie der andere ist. Keine Freizeit zwischen den Arbeitstagen, keine Festzeiten zwischen den profanen Zeiten, keine Urlaubstage zwischen den Wochen des Schaffens, keine Feierabende am Ende eines jeden Tagewerkes.
Man stelle sich eine Welt vor, in der jeder Tag wie der andere ist. Von dem, was ihnen heilig und wertvoll ist, hätten die Menschen eine nicht zu unterschätzende Menge verloren. Unvorstellbar, gäbe es nur Ruhe in dieser Welt - oder nur Arbeit.

Im Leben zu Hause sangen Menschen ein altes Lied, und dies immer wieder neu auf Gottes wunderbare Schöpfung. Ganz am Anfang der Bibel ist es bezeugt. Sechs Tage sollst du arbeiten. Einen Tag sollst du ruhen. Und vielleicht gehört es zu den wunderbarsten Dingen dieser Welt, dass in ihr unterschieden werden kann und uns in so Vielem und eben auch zwischen der Arbeit und der Freizeit eine feste Ordnung gegeben ist.

* Zum Beispiel zwischen Oben und Unten schied der Schöpfer. Dass der Mensch einen Platz zum Leben im Universum hat, verdankt er der Tatsache, dass der Schöpfer unterschied und es so ein Oben und ein Unten gibt. Hier unten lebt der Mensch und oben sind die Himmel.

So ähnlich singen sie es in ihrem alten und immer wieder neuen Schöpfungslied. Ganz zu Beginn steht dies heute noch in der Bibel. Gut, dass der Schöpfer unterschied. Unvorstellbar, gäbe es nur ein Oben in dieser Welt - oder nur ein Unten.

* Zwischen Wasser und Land schied der Schöpfer. Man stelle sich vor, es gebe keine Ufer in dieser Welt. So ähnlich singen die Menschen in ihrem alten und immer wieder neuen Schöpfungslied. Ganz zu Beginn steht auch dies noch heute in der Bibel. Zwischen Tieren des Himmels und Tieren des Wassers, zwischen Tieren des Landes mit zwei Beinen und mehr Beinen schied der Schöpfer. Gut, das der Schöpfer unterschied. Unvorstellbar, gäbe es nur Wasser in dieser Welt - oder nur Land.

Welch ein Segen, dass Gott seiner Schöpfung eine gute Ordnung gegeben hat. Man stelle sich eine Welt ohne all diese Naturgesetze

vor. Es wäre nicht der Menschen Welt und so lässt sich diese wohl auch nicht vorstellen.
Hin und wieder versucht der Mensch, die Gesetze dieser Natur auszuhebeln und zu überwinden, dabei hat er so viel Mühe, sie erst einmal zu durchschauen. Ja, des Schöpfers wunderbare Naturgesetze lassen sich eben doch nur begrenzt durchschauen. So vieles, das der Mensch dabei nicht verstehen kann. So vieles, das der Mensch dabei nicht erforschen kann. So vieles, das noch offen ist. Und so geschieht wohl Vieles zwischen Himmel und Erde, das für den Menschen schwer zu begreifen ist.
Man könnte es einfach als ein Wunder bezeichnen, würde etwas geschehen, das über diese Gesetze der Natur hinaus möglich ist. Als ein noch größeres Wunder könnte man es jedoch demgegenüber auch verstehen, wenn sich am Ende doch alles einfach wunderbar in den Gesetzen Gottes der Natur bewegt, wenngleich der Mensch diese wohl niemals durchschauen wird. Es liegt wohl letztlich doch in der Demut des Betrachters, dies für sich zu definieren. Welch ein Segen jedoch, dass Gott seiner Schöpfung eine gute Ordnung gegeben hat und zumindest er diese durchschaut. Man stelle sich eine Welt ohne diese Ordnung vor.

* Und so gibt es nach dieser doch so guten und gewohnten Regel eben jede Woche etwas zu feiern. Sechs Tage sollst du Arbeiten und am siebenten ist frei und es darf des Schöpfers Macht und Größe auf so vielfältige Weise und aufs Neue wieder gelobt und gepriesen werden.
Wie so oft im Leben und im Dasein der Menschen gibt es nun auch im Rhythmus und im Lauf der Zeiten die Bereiche, die der Mensch

selbst in die Hand nehmen und bestimmen oder zumindest hier und da mitbestimmen kann und die Bereiche, an denen nichts zu ändern ist und die der Mensch nur als gegeben hinnehmen oder besser sogar annehmen darf.
Was ist uns da nicht alles gegeben, das der Mensch nicht ändern kann? Des Lebens Zeit ist uns gegeben, der Schöpfer selbst hat sie uns geschenkt. Auch des Tages Länge ist gegeben, der Schöpfer selbst hat diese einst bestimmt. Des Mondes Gezeiten sind gegeben und der Mensch kann nichts dazu tun. Des Jahres Länge ist bestimmt. An der Tage, Monde und Jahre Rhythmus lässt sich dann doch nichts rütteln und nichts schütteln. Der Schöpfer hat es einst bestimmt, wie lange es dauern soll, bis die Erde einmal um sich selbst, der Mond einmal um diese und beide einmal um das große Licht unterwegs sind. Gut, dass der Mensch nicht in jeder Beziehung mitregieren und mitbestimmen kann. Was ist uns da nicht alles gegeben, das der Mensch nicht ändern kann.

Aber manches könnte er dann doch ändern. Der Rhythmus seiner Woche steht in des Menschen eigener Verantwortung. Selbst ist hier der Mensch und könnte es auf ganz verschiedene Weise für sich regeln. Durchaus möglich wäre es, zu einer Woche nur fünf oder sogar acht Tage zu zählen. Über lange Zeiten hinweg und durch viele Kulturen hindurch zählte der Mensch nicht mit dem siebenten einen besonderen Tag. Über lange Zeiten hinweg und durch viele Kulturen hindurch gab es bei weitem andere als die uns gewohnten Wochenrhythmen.
Weshalb gerade sieben Tage einer Woche und wieso überhaupt einen Tag als einen besonderen verstehen? Weshalb nicht sechs

oder neun und wieso nicht einfach jeden Tag als einen einzigartigen feiern?
Weshalb eigentlich sollst du sechs Tage arbeiten und am siebenten ist Ruhetag? Ja, wann immer wir in der Bibel auf die Zahl 7 stoßen, verbirgt sich eben doch etwas Besonderes und Geheimnisvolles, etwas Größeres und Erhabenes dahinter. Wann immer wir in der Bibel der Zahl 7 begegnen, ist sie Ausdruck für das Heilige und Göttliche, dem es Raum zu geben so ratsam ist. Wenn es einen besonderen Tag geben soll, an dem der Mensch dem Heiligen Raum in seinem Leben gibt und dies sogar auf feierliche Weise, dann kann es im Erzählen der biblischen Lieder und Geschichten eigentlich nur der siebente sein.
Freilich - der Tage, Monde und Jahre Rhythmus käme nicht aus der Bahn, feierte der Mensch an jedem sechsten oder gar an jedem zehnten Tag seine heilige und freie Zeit. Die Welt würde sich auch dann weiterdrehen, lebten wir nicht im Rhythmus der Wochen. Auch die Monde ließen sich ohne diese weiterhin nach den Gesetzen der Natur zählen. Selbst die Jahreszeiten kämen nicht aus ihrer Ordnung, gäbe es nicht das Zählen des Menschen seiner Wochen.
Weder der Schöpfer selbst noch seine übrige Schöpfung braucht den siebenten als einen besonderen Tag. Tage, Monde und Jahre bewegen sich in den Gesetzen der Natur. Ja, selbst der Tiere innere Uhr schlägt nicht nach dem Ticken unserer Wochen.

Allein dem Menschen wird es gut tun, hin und wieder nach den Tagen seines Werkes an einem besonderen und wahrlich freien Tag vor dem Heiligen zur Ruhe zu kommen. Es könnte - ohne dass in Gottes Naturgesetzen etwas durcheinander käme - wahrlich auch

der sechste oder achte sein - und doch ist es gerade der siebente, an dem hinter allem, was der Mensch an diesem Tage unternimmt, auch der Schöpfer selbst stehen darf.
Sechs Tage sollst du arbeiten, am siebenten solltest du ruhen. Allein dem Menschen wird es gut tun, auf diesen alten Rat zu hören. Gott sei Dank gibt es jede Woche etwas zu feiern.

I WAS GIBT ES NICHT ALLES ZU FEIERN

3

Jeden Tag gibt´s etwas zu feiern

Auch zwischen Licht und Finsternis schied der Schöpfer. Man stelle sich vor, es gäbe keinen Tag und keine Nacht und somit keine Möglichkeit, die Zeit zu zählen. Man stelle sich vor, es gäbe keinen Rhythmus von Tagen vom Aufgang der Sonne bis zu deren Wiederkehr am kommenden Tag.
In den Augen des Schöpfers ginge auch dies sicher irgendwie, aber wirklich nur in dessen Augen. In den Augen seiner Geschöpfe ist es unvorstellbar. Unvorstellbar, gäbe es kein Licht auf der einen Seite und keine Zeiten, in den wir auf der Schattenseite des Lichtes sind.

Der Rhythmus der Woche ist das Eine im Leben und in der Arbeit des Menschen. Des Tages Zeiten und Rhythmus ist ein Anderes. Wahrhaftig das Eine in jeder Woche ein großes Geschenk - wenn nach sechs Werktagen mit dem siebenten ein besonderer Tag erlebt werden darf. Und vielleicht verbirgt sich sogar ein gewisser Luxus dahinter, gibt es im Rhythmus der Wochen jeweils einen freien Tag. Dankend darf der Mensch diesen annehmen und dabei sich selbst, das Leben und den Schöpfer feiern. Und doch: Auch des Menschen innere Uhr tickt letztlich anders. Auch sie schlägt täglich.

Unverzichtbar im Rhythmus des Leben und der Arbeit, dass es auch am Ende eines jeden Tages mit dem Feierabend eine besondere Zeit und somit Grund zum Feiern gibt.
Feierabend! Jetzt ist Ruhe! Nun ist Schluss! Es ist Zeit, abzuschalten; Zeit, Werkzeug und Gedanken, Stifte und Ideen beiseite zu legen. Es ist Zeit, umzuschalten; Zeit, die Arbeit ruhen zu lassen, wenngleich es auch dann noch eine Menge zu tun gibt. Nun gilt es, wieder Kraft zu tanken, Erholung zu finden, Leib und Seele zu stärken, um für den nächsten Tag gerüstet zu sein.
Jeden Tag gibt es sie zu feiern - die Feier am Abend, die so anders ist als das, was Menschen auf ihre ganz verschiedenen Weisen gewöhnlich mit einem Fest verbinden. Umso wichtiger jedoch, dass auch diese nicht zu kurz kommt.
Es mag zwar sein, dass der Eine ein wenig länger wie der Andere ohne diese besondere Zeit am Tag jenseits der Arbeit auskommt. Über kurz oder auch lang wird jedoch wohl kein Mensch gut leben können, ohne nach des Tages Werk den Ruf zu hören: Es ist Feierabend, Schluss für heute!

Allein sein Name wiederum hat uns eine Menge zu erzählen. Auch dieses Feiern darf im fanum seinen Ursprung haben. Die Zeit davor, das Profane, das Alltägliche, des Tages Last ist nun vorüber, und dies ist Anlass genug, mit Dankbarkeit und Freude gefeiert zu werden. Und wenngleich es ein Fest ohne Gäste ist, ein Fest auch ohne lange Vorbereitungszeit, ein Fest ohne Festsaal und

Festkleider, ein Fest ohne Vieles, was manch anderes Fest zu bieten hat, so steht es in seiner Bedeutung doch keinesfalls allen anderen nach. Auch der Feierabend ist Festzeit, Zeit sich wieder aufs Neue dem fanum, dem Heiligen des Lebens zu widmen. Dankbar kann der Mensch am Abend nach des Tages Last und vor der Ruhe der Nacht vor seinem Schöpfer auf den Tag zurückblicken, das Gute dabei annehmen, das Schwere wenn schon nicht so einfach annehmbar doch zumindest hinnehmen, um dann die Dinge des Tages hinter sich zu lassen und befreit in die Nacht zu gehen.

Ja, des Menschen Uhr tickt täglich. Täglich braucht der Mensch neben seiner Arbeit eben auch so viel Erholung im Feiern des Abends und im Ruhen der Nacht, um für den nächsten Tag wieder mit der gleichen Kraft an des Tages Werk zu gehen, wie in den Tagen zuvor. Müsste der Mensch sich zwischen einem freien Tag in der Woche und der täglichen Ruhe des Feierabends entscheiden, er sollte wohl das Letztere wählen.

Und so besteht zwischen Freizeit und Erholung, zwischen der wirklich freien Zeit einerseits und der Erholung von der täglichen Arbeit andererseits eben doch ein nicht zu unterschätzender Unterschied.

Des Feierabends Sinn liegt in der Erholung von der Arbeit des Tages, im Abschalten und im Umschalten, im Sammeln und im hinter sich Lassen. Nach jedes einzelnen Tages Arbeit gilt es, Unnötiges hinter sich zu lassen, um für den kommenden Tag die nötigen Kräfte und die Gedanken wieder sammeln zu können, damit des nächsten Tages Werk auch wirklich zu schaffen ist. Wahrlich alles andere als freie Zeit ist es, sich täglich aufs Neue von des Tages Last zu erholen. Den Feierabend in dieser Weise zu nutzen, bietet in der Regel keine Zeit für extra Wünsche. Abzuschalten und Umzuschalten, hinter sich Lassen und Sammeln, Erholung und Kraft für den nächsten Tag zu tanken, all dies ist wahrlich keine freie Zeit. Des freien Tages Sinn dagegen liegt in der wirklich freien Zeit für die Dinge, die im Alltag nicht zu schaffen sind. Und so ist der siebente Tag in der Tat ein großes Geschenk - wirklich Freizeit für so manches, das im Alltag keinen Raum hat.

In der Gemeinschaft mit anderen Gottesdienst zu feiern, dafür ist jeden siebenten Tag freie Zeit. Sich in die Stille und Einsamkeit zurück zu ziehen, um vielleicht auch dort das Heilige zu erahnen, auch dafür bietet der Alltag eigentlich keine Möglichkeit. Sich mit so Vielem beschäftigen zu können in den wahrlich freien Tagen, die des Alltags Rhythmus nicht kennt - welch ein Geschenk. Und wer dies sogar bewusst an jedem siebenten Tag tut, der weiß, dass es des Lebens Grund und Quelle ist, das hier gefeiert werden darf.

Die Seele und den Körper dagegen mit neuer Kraft betanken, um mit der gleichen Energie in den kommenden Tag gehen zu können wie in die Vorausgegangenen ist des Feierabends und der nächtlichen Ruhe Aufgabe und Sinn. Des Menschen innere Uhr tickt täglich und die Erholung von des Tages Last muss in diesem Rhythmus Raum finden.
Ein freier Tag dagegen - wirklich freie Zeit für Gott und die Welt zu haben - ist nur dann frei und erfüllt nur dann seinen Sinn, wenn der Mensch schon erholt in diesen gehen kann.

* Wann immer also der Feierabend nicht mehr ausreicht, um sich von des Tages Last zu erholen, läuft der Alltag nicht mehr rund und der Mensch wird es dabei schwer haben, in seinem Leben zu Hause zu sein.

* Und wann immer der freie Tag nicht mehr frei ist, weil er für die Erholung und das Kräftesammeln benötigt wird, läuft die Freizeit nicht mehr rund und der Mensch wird es schwer haben, in seinem Feiern zu Hause zu sein.

Und wenngleich der Mensch bisweilen seine Mühe haben wird, das Eine vom Anderen in guter Weise zu trennen, so kann es doch dankbar aus Gottes guter Schöpfung angenommen werden, dass alles seine rechte Zeit und seine gute Ordnung hat.
Jeden Tag gilt es aufs Neue, sich von des Tages Last zu erholen - dann, wenn es heißt: Es ist Feierabend! Schluss für heute!

I WAS GIBT ES NICHT ALLES ZU FEIERN

4

Jedes Jahr gibt´s etwas zu feiern

Aber selbst Feierabende im täglichen Lauf der Zeit und freie Tage im Rhythmus der Woche sind nur das Eine im Feiern der Menschen. Des Menschen Jahresfeste sind das Andere.
Aber auch diese können wiederum nur dann gut gefeiert werden, wenn sowohl die Feierabende wie auch die freien Tage zuvor ihren Sinn erfüllt haben und der Mensch mit guter Kraft in die Jahresfeste gehen kann. Erschöpfte Menschen konnten noch nie gut Feste feiern. Wobei den wenigsten von ihnen dafür ein Vorwurf erhoben werden kann - und den meisten dabei irgendwie vielleicht auch doch.
Erschöpft ist so mancher, weil durch Manches im Leben man eben doch einfach hindurch und bei Anderem im Leben man eben doch einfach mitgehen muss - und man kann so schlecht etwas dagegen tun.
So mancher würde gern des Feierabends eigentlichen Sinn nachgehen und mit der gleichen Kraft in die kommenden Tage gehen wie in die Tage zuvor, und findet eben doch am Abend keine

Ruhe mehr. So mancher würde gern der freien Tage eigentlichen Sinn nachgehen und erholt die Freiheit der Freizeit genießen und ist einfach zu erschöpft, um die Freiheit der Freizeit feiern zu können. „Durch Manches muss man eben durch!“ - und es fällt schwer, der Zeiten Geister zu widerstehen. Aber gilt es auch nicht mal zu sagen: „Bis hierher und nicht weiter“. Doch da sind wir schon wieder mitten im Leben statt im Feiern zu Hause, und diese Frage stellten sich auch schon auf ihre Weise Rut und Noomi in ihrer Geschichte, und ich hatte sie an anderer Stelle schon erzählt.

Ja, erschöpfte Menschen konnten noch nie gut Feste feiern. Erschöpfte Menschen können eigentlich keine Feste feiern. Doch gerade hier darf daran erinnert sein, dass Jesus insbesondere die erschöpften und mühseligen und beladenen Menschen zu sich gerufen hat - und wenn diese kamen, dann gab es für Jesus was zu feiern.

Nicht dass die Erholten und Fröhlichen, die Vitalen und Tragfähigen nicht auch zum Feiern willkommen sind. Aber in der Regel müssen diese ohnehin nicht gesondert zum Feiern eingeladen werden. Wann immer Menschen im Namen Gottes Feste feiern, sollten auf jeden Fall die Einen wie die Anderen dabei sein können.

Feierabende und freie Tage am Ende oder am Anfang jeder Woche sind das Eine im Feiern der Menschen. Des Menschen Jahresfeste sind das Andere. Solange Menschen auf dieser Erde zu Hause sind, feiern sie dabei sowohl der Jahre Kommen und Gehen als auch das, was diese mit sich bringen oder auch dabei zurück lassen. Und in der Tat gibt es hier in jedem Jahr aufs Neue eine Menge zu feiern.

Gottes wunderbare Welt wäre nicht so vollkommen, wäre auch hier nicht alles in einer guten Weise geordnet. Ein Wunder, wie sich auch im Laufe der Jahre alles in Gottes guten Naturgesetzen bewegt. Und so bewegen sie sich: der Mond um seine Erde, unsere Erde um die brennende Sonne - und - so wusste einst schon der weise König Salomo - alles hat dabei seine Zeit und alles Vorhaben unter dem Himmel hat seine Stunde.

Fasziniert von deren Genauigkeit schauten die Menschen zu allen ihren Zeiten auf die Himmelskörper, die sowohl ihrem Leben wie auch ihrem Feiern deren Rhythmus geben. Und was gibt es da nicht alles zu feiern?
* Jedes Jahr gibt es etwas zu feiern, denn endlich werden die Tage wieder länger. Die Wende der Sonne im Winter galt und gilt es, in jedem Jahr aufs Neue zu feiern.
* Jedes Jahr gibt es etwas zu feiern, denn endlich ist Frühling und die Lebensgeister sind aus ihrem Winterschlaf erwacht. Auch das galt und gilt es, in jedem Jahr aufs Neue zu feiern.
* Jedes Jahr gibt es etwas zu feiern, denn die Tage werden nun wieder kürzer. Aber bevor die Tage kürzer werden, gilt es, die Zeit auszunutzen und des Jahres Höhepunkt zur Wende der Sonne im Sommer zu genießen.
* Jedes Jahr gibt es etwas zu feiern, denn es ist Erntezeit. Auch des Herbstes Fest galt und gilt es, in jedem Jahr aufs Neue zu feiern.

In ihren Kulturen feiern Menschen sehr unterschiedlich. Die Einen mehr tanzend, die Anderen mehr lachend, wieder Andere können Beides in gleicher Weise gut und weil es nichts gibt, das es nicht gibt, gibt es sogar diejenigen, die das Leben feiern, wenngleich sie weder tanzen noch lachen können. Ja, in ihren Kulturen feiern Menschen ihre Feste sehr verschieden und weil der Glaube der Menschen ihre Kultur prägt und zugleich die Kultur auch ihren Glauben verändert, sind gerade auch Feste in ihrer Dynamik nicht zu unterschätzen.

Seit Menschen auf dieser Erde zu Hause sind, feiern sie sich und das Leben - und ihre Feste sind dabei Zeugen ganz verschiedener Zeiten. Doch wenngleich sich das Eine oder Andere im Feiern der Menschen und im Wesen ihrer Kulturen verändert, so bleibt doch auch hier das Wesentliche über alle Zeiten hinweg bestehen.

Wann also wird gefeiert - und dies zu allen Zeiten? Auf alle Fälle im Winter, wenn die Tage wieder länger werden. Und im Frühling, wenn dieser endlich da ist. Und im Sommer, wenn die Tage wieder abnehmen. Und im Herbst das Erntefest.

Mag sein, dass hier und da das eine oder andere Fest noch hinzukommt; mag sein, dass hier und da der eine oder andere Gedenktag seine gute Berechtigung hat. Mag sein, dass auch nicht jeder gewillt ist, manch weitere Feste mitzufeiern und auf jeder Hochzeit mitzutanzen. Im Grundlegenden jedoch feiert der Mensch die vier Zeiten des Jahres in ihrer jeweiligen Besonderheit.

Jedes Jahr aufs Neue gibt es dieses selbst zu feiern und auch hier darf dabei der Schöpfer selbst der Grund und auch die Quelle allen Feierns sein.

Wann immer Christen also ihr Weihnachtsfest zu einer festen Zeit im Jahr feiern, wann immer sie ihr Osterfest in einer besonderen

Jahreszeit begehen, wann immer sie in ihrem Feiern als Christen zu Hause sind, können sie sich im uralten Feiern der Menschen aufgehoben wissen, das sich wiederum in Gottes wunderbare Ordnung der Natur eingebunden weiß.

I WAS GIBT ES NICHT ALLES ZU FEIERN

5

Jeder Einzelne hat was zu feiern

Feierabende sind das Eine in der Festzeit der Menschen. Gut, wenn der Mensch Zeit hat, sich von des Alltages Arbeit und Mühe jeden Tag aufs Neue zu erholen.

Sonntage sind ein Weiteres im Feiern der Menschen. Gut, wenn der Mensch an jedem siebenten Tag der Woche Zeit für die Dinge im Leben hat, zu denen er im Alltag mit dessen Arbeit keine Zeit finden kann.

Jahresfeste sind ein Drittes im Feiern der Menschen. Gut, wenn der Mensch sich in den Rhythmus der Natur, in Gottes Gesetze von Raum und Zeit eingebunden weiß und im ewigen Fluss der Zeit zugleich deren ständige Wiederkehr im Jahreslauf mit gehen und mit feiern kann.

Aber noch mehr gibt es Gott sei Dank zu feiern: Des Menschen persönliche Lebensfeste sind noch ein Weiteres in der Reihe dessen, was es nicht alles zu feiern gibt.

Auch das Leben eines jeden Einzelnen darf und sollte gefeiert werden. Milliardenfach hört der Mensch die Stimme seines Gottes, der zu ihm spricht: „Ich habe dich bei deinem Namen gerufen - du bist mein.“ Wenn das kein Grund zur Freude ist - und so ist gerade auch des Menschen Dasein in dieser Welt vom Feiern gerahmt.

Zu Beginn eines jeden Lebens darf gefeiert und dem Heiligen - der Quelle aller Existenz - auf diese Weise begegnet werden. Ebenso kann am Ende eines jeden Lebens dem Heiligen - dem Ziel alles Dasein - feierlich begegnet werden. Dazwischen freilich ebenso - in Namens- und Geburtstagen, in Firmungen und anderen Weihen, durch die Lebenswege und Lebensabschnitte ihre Bedeutung erhalten. Des Menschen ganzes Leben darf gefeiert werden.

Seit Menschen in dieser Welt zu Hause sind, feiern sie also immer dann ein Fest, wenn ihnen neues Leben geschenkt wird. Der Arten und der Weisen dieser Feste gibt es auch hier wieder unzählige und die Menschen haben ihre Kultur dabei geprägt - oder hat ihre Kultur die Menschen selbst verändert und geprägt?
Aber wer verändert hier eigentlich wen? Die Kultur den Menschen? Der Mensch seine Kultur? Oder prägt der Glaube das Feiern der Menschen? Oder vielmehr die Kultur den Glauben?
So wie es in der Partnerschaft zweier oder mehrerer Menschen gut sein wird, wenn jeder Einzelne in gleicher Weise für den anderen prägend ist und dabei selbst Veränderung bei sich zulässt, so wird es wohl auch im Feiern der Menschen inmitten ihres Glaubens und im Umfeld ihrer Kultur immer wieder auf Neue ein gutes Miteinander geben.
Und so feiern die Menschen auf ihre verschiedene Weise die Feste ihres Lebens, die dieses einerseits rahmen und ihm andererseits

seine Abschnitte verleihen. Wann immer also ein Mensch geboren wird, darf dies gefeiert werden und sollte dies zugleich ein Grund sein, über das Gegenwärtige von Raum und Zeit hinauszublicken und Dem dabei zu begegnen, von dem alles Leben kommt.
Die Einen tun dies nach einer bestimmten Zahl von Tagen nach der Geburt, die anderen nach unbestimmter Zeit. Diese Einen der Bibel nennen es Beschneidung. Die Anderen der Bibel nennen es Taufe. Die Einen feiern in der Gemeinschaft der mit ihnen Gläubigen, die Anderen im engeren oder auch weiteren Kreis. Die Einen können vielleicht gar nur in Gedanken feiern - wer weiß weshalb - und dürfen sich dabei in gleicher Weise der Gegenwart des Heiligen gewiss sein.

Freilich, für manchen Mensch wird - beginnt sein Leben in dieser Welt - auch kein Fest gefeiert. Für manchen Menschen beginnt sein Leben inmitten dieser Welt und für dessen Angehörige scheint dies sogar alles andere als ein Grund zum Feiern zu sein. Gerade auch hier dürfen wir erneut den Schöpfer zu uns sprechen lassen: Auch dich habe ich bei deinem Namen gerufen - du bist mein. Und so Mancher geht auch aus dieser Welt, ohne dass sein Leben feierlich gewürdigt wird. Ja, wir dürfen den Schöpfer zu uns sprechen lassen: Ich habe dich bei deinem Namen gerufen - du bist mein.

Seit Menschen auf dieser Erde zu Hause sind, feiern sie sich und das Leben. Das Leben ist es wert, gefeiert zu werden. Lasst uns also heute Essen und Trinken - wer weiß schon, wer Morgen noch die Möglichkeit dazu hat. Mag sein, dass Essen und Trinken wirklich nur zum Leben in dieser Welt gehören; das Feiern selbst jedoch und dem Heiligen dabei begegnen sind bei Weitem mehr als dies.

II SO SCHÖN KANN FEIERN SEIN

1

Feiern zur Wende im Winter - zum Beispiel Weihnachten

Leben braucht Licht. Dem Menschen ist dies bewusst - es sollte ihm dies zumindest sein - und so feiert er gerade immer dann ein Fest, wenn die Tage wieder länger werden und die Sonne ihren Tiefststand im Winter erreicht und somit das Licht die Finsternis wieder einmal überwunden hat.
Welch ein Auf- und welch ein Durchatmen, wenn endlich die Tage nach langen Herbstwochen wieder zunehmen. Man stelle sich vor, sie täten es nicht. Unvorstellbar, nähmen sie ständig ab. Kein Licht gäbe es mehr. Das Leben hätte alle Grundlage verloren.
Das Leben braucht das Licht. Und so hat, wer immer in seinem Leben zu Hause ist, gerade zur Wende der Sonne im Winter einen nicht hoch genug zu schätzenden Grund, ein ordentliches Fest zu feiern - das Leben selbst also und des Lebens Grund zu feiern.

„Im Anfang war das Wort“ - so lässt der Evangelist Johannes sein Evangelium beginnen. Gottes Plan, Gottes Gedanken, Gottes Logo stehen über allem Geschaffenen. Und darin „war das Leben, und das Leben war das Licht der Menschen“ (Evangelium des Johannes, Kapitel 1, Vers 4). Wann immer Menschen in der dunklen Jahreszeit ein Lichterfest feiern, tun sie dabei mehr als sie wohl jemals erahnen und sich vorstellen können. Des Lebens Grundlage feiern sie. Alles Lebens Anfang feiern sie. Gottes Idee feiern sie, dass es Licht und Leben geben sollte. Gott sei Dank, ist diese Idee Wirklichkeit geworden. Wir hätten sonst wahrhaftig nichts zu feiern.

Des Lebens Anfang und des Lebens Licht oder auch das Licht des Lebens und das Licht der Welt zu feiern, kann auf vielfältige Weise gefeiert werden. Für Christen bedeutet es zugleich, eine Geburt zu feiern. Eine wundervolle Geburtsgeschichte wissen sie sich dabei zu erzählen.

„Und das Wort ward Fleisch und wohnte unter uns“ - so erzählt es der Evangelist Johannes auf seine ganz eigene Weise. Gottes ungreifbare Idee, Leben und Licht zu schaffen, wird in dieser Geschichte etwas anschaulicher und irgendwie begreifbar. Und so wissen gerade auch die Evangelisten Lukas und Matthäus eine wundervolle Geburtsgeschichte zu erzählen - eine Geschichte, die wie einst die von Rut und Noomi in Bethlehem ihren Ausgang genommen hat.

Und wenngleich ich die Geschichte von Rut und Noomi an anderer Stelle bereits erzählt hatte, so sei daran erinnert, dass es auch hier um Menschen geht, die in großer Not zusammen halten; um Menschen, die auf ihrer Flucht Zuflucht suchten; um Menschen, die auf die Hilfe anderer angewiesen waren und um Menschen, deren Leben zugleich durch ihren Glauben geprägt und ihr Gebet bestimmt war. Ja, so manche Geschichte hat gerade in Bethlehem ihren Ausgang genommen. Nicht umsonst sollte gerade in Bethlehem auch diese wundervolle Geburtsgeschichte ihren Ausgang nehmen.

Und wenn ich nun die Geschichte von Maria und Josef und von Jesu Geburt erzählen will, dann sollen diese Namen vorab schon einmal erwähnt sein - aber eigentlich auch nur, damit am Ende niemand sagen kann, es lässt sich doch nicht die Weihnachtsgeschichte erzählen, ohne das Kind Jesus und Maria und auch Josef einmal beim Namen genannt zu haben.

Man könnte auch die Weihnachtsgeschichte erzählen, ohne Maria und Josef und das Kind Jesus beim Namen zu nennen. Selbstverständlichkeiten müssen nicht unbedingt beim Namen genannt werden. Zudem zeigen doch gerade die späteren Geschichten vom erwachsen gewordenen Jesus, dass dieser seine Person nicht allzu stark in den Mittelpunkt zu stellen suchte. Oft genug zog er sich allein auf einen Berg zurück, wenn Menschen ihn offen zu bewundern suchten. Und wenn es gar um Anbetung und um Ehre ging, wies er nicht selten diese von sich und blickte auf zum Himmel - ja, Gott allein die Ehre.

Selbst die Weihnachtsgeschichte würde nicht an Bedeutung verlieren, erzählte man sie ohne Maria und Josef und das Kind als solche zu erwähnen. Wann immer übrigens im Leben Selbstverständlichkeiten andauernd erwähnt und beim Namen genannt werden müssen, sollte man sich ohnehin Gedanken machen, ob sie wirklich selbstverständlich sind. Und dass Maria und Josef und das Kind Jesus zur Geburtsgeschichte von Bethlehem gehören, das versteht sich doch wahrlich von selbst.

Und so darf der Blick beim Erzählen dieser wundervollen Geburtsgeschichte von diesen Dreien einmal weg gehen, hin zu denen, die sonst noch in Bethlehem mit dabei gewesen sind. Ja, gerade auch beim Blick zu den weiteren Figuren dieser Geschichte spürt man, dass gerade auch diese Geschichte mitten im Leben spielt.

Wann immer eine Geschichte mitten im Leben spielt, gehören dazu auch Menschen, die regieren und bestimmen. Den König des Schachspieles habe ich dazu einmal mitgebracht. Zum Leben gehört, dass es Menschen gibt, die sagen, wo es lang geht und was zu tun ist. Menschen, die Verantwortung haben: für ein ganzes Land oder für eine Stadt, für eine Schule oder eine Klasse, für einen Betrieb oder ein Geschäft, für einen Verein oder eine Familie. Für viele Dinge braucht es Menschen, die Verantwortung haben und die sagen, wo es lang geht - und - denen dabei auch Vertrauen geschenkt wird.

Die Königin gehört natürlich auch dazu. Die Dame des Schachspieles habe ich dazu einmal mitgebracht. Was wäre ein König ohne seine Königin? Meistens hat sie noch mehr zu sagen als der König selbst, und dies nicht nur zu Hause.

Wann immer eine Geschichte mitten im Leben spielt, braucht es

aber nicht nur Menschen, die regieren und bestimmen. Es braucht auch Menschen, die die Arbeit tun. Auch den Bauern des Schachspieles habe ich einmal mitgebracht. Natürlich ist auch Regieren Arbeit. Könige arbeiten auch. Verantwortungsvolle Arbeit haben sie. Aber der beste König hätte nichts zu seinem Festmahl zu Essen, gäbe es keine Bauern, die sähen und ernten, die pflanzen und pflügen, auch bebauen und bewirtschaften, und dies immer und immer und immer wieder.

Und zum Leben gehören aber auch Tiere. Wann immer eine Geschichte mitten im Leben spielt, sollte sie auch Platz für Tiere haben. Das Pferd des Schachspieles habe ich dazu einmal mitgebracht.

Das Leben kennt Königinnen, die regieren; und es kennt Bauern, die auch hart arbeiten. Und auch Tiere sollten ihren Raum in den Geschichten der Menschen haben. Und manchmal braucht es Boten, die Nachrichten übermitteln. Den Läufer des Schachspieles habe ich einmal mitgebracht. Läufer sind Boten des Königs. Ihre Aufgabe ist es, die Nachrichten des Königs an den Mann und an die Frau und manchmal sogar an das Kind zu bringen. Ja, es gibt Könige, die bestimmen, und jeder gute König hat seine Boten. Die Menschen sollen schließlich auch zu hören bekommen, was zu tun ist und wo es lang geht.

Und ob König oder Bauer, ob Mensch oder Tier, wir Alle brauchen Orte zum Wohnen und zum Bleiben. Wir alle brauchen Mauern, die Schutz bieten und Wände, die Wärme speichern. Wann immer eine Geschichte mitten im Leben spielt, sollte es in ihr auch Räume geben - Räume zum Leben und zum Wohnen, Räume zum Bleiben und zum Dasein, Räume, die hoffentlich zu einem guten zu Hause werden können. Den Turm des Schachspieles habe ich einmal mitgebracht.

Sollte es nicht die Weihnachtsgeschichte sein, die hier erzählt werden will? Ist das die Weihnachtsgeschichte?
Könige gibt es auch in der Weihnachtsgeschichte. Drei Könige sind nach Bethlehem gekommen, um anzubeten. Sogar Geschenke bringen sie mit. Wann immer eine Geschichte mitten im Leben spielt, gibt es Menschen, die Verantwortung haben - und Könige gibt es auch in der wundervollen Geschichte, die in Bethlehem ihren Ausgang genommen hat.
Und die Könige der Weihnachtsgeschichte hatten bestimmt auch Königinnen. Diesmal waren die Könige ohne ihre Frauen unterwegs. Auch das muss mal sein.

Bauern - ja, Hirten gibt es in der Weihnachtsgeschichte. Bauern und Hirten haben einiges gemeinsam, wenngleich sie sicher zwei verschiedene Berufe haben. Wann immer eine Geschichte im Leben spielt, gibt es in ihr Menschen, die jeden Tag neu ganz treu ihrer Arbeit nachgehen. Es seien Bauern, Hirten, ... auch in Bethlehem waren sie dabei.

Tiere gibt es auch in der Weihnachtsgeschichte. Ochsen, Esel und Schafe waren es im Stall in Bethlehem. Nun gut, bei vielen Menschen gelten diese als nicht so edel wie die Pferde des Schachspieles. So edel wie beim Schach geht es in Bethlehem wahrhaftig nicht zu. Pferde waren es nicht, die den Stall in dieser wundervollen Geschichte sein Leben gaben, aber auch Ochs und Esel sind schließlich Tiere.

Und die Läufer - ja, Boten des Königs gibt es auch in der Weihnachtsgeschichte. Die Engel sind die Boten Gottes, die Boten des EINEN und WAHREN Königs.

Und all diese finden sich zusammen in einem Raum. In der Weihnachtsgeschichte kommen sie zusammen in einem Stall. So prunkvoll und so edel wie ein schöner Turm war dieser Stall sicher nicht. Auch etwas gerochen hat es im Stall von Bethlehem. Aber Schutz und Wärme bot auch dieser, und darauf kommt es letztlich an.

Wann immer eine Geschichte mitten im Leben spielt, gibt es darin arme und reiche Menschen, und es gibt darin Tiere, und es gibt Häuser und Räume, alte und neue, schlichte und weniger schlichte.

Und worum geht es beim Schach - diesem königlichen Spiel? Beim Schach gibt es Gewinner und Verlierer. Darum geht es. Der Eine

soll der Winner sein. Der Andere muss der Looser sein. Und mit etwas List und Tricks, mit Täuschen und Taktieren soll der König des Gegners zu Fall gebracht werden. Und dazu werden auch mal Bauern geopfert und Läufer zur Strecke gebracht, Tiere geschlachtet und Türme eingerissen. Irgendwie muss schließlich der Feind besiegt werden.
Gott sei Dank ist Schach nur ein Spiel. Und als Spiel macht es richtig Spaß. Als Spiel macht es Spaß, den Gegner zu besiegen. Das soll auch so sein. Im Spiel darf es Gewinner und Verlierer geben. Sonst hätte das Spiel auch keinen Sinn.

Und worum geht es in der Weihnachtsgeschichte - in dieser ganz einfachen Geschichte, die in Bethlehem ihren Ausgang genommen hat?
Die Weihnachtsgeschichte spielt im wahren Leben, oder sollte man besser sagen, dass sie zumindest im wahren Leben versucht, gehört zu werden und mitzuspielen? Menschen, die sich sonst nicht kennen; Menschen, die sich manchmal sogar streiten und bekämpfen, Menschen, die von ihrer Herkunft und ihrer Stellung unterschiedlicher nicht sein könnten; und die Tiere noch dazu - all diese kommen schließlich in einem Raum zusammen, der alles andere als ein Festsaal gewesen ist. Und das auch noch ganz friedlich, ganz zufrieden, ohne Lärm und ohne Streit, alle kommen zur Ruhe und stehen oder knien gemeinsam vor Gott nieder und beten ihn an. Und ihren Gott erkennen sie in einem hilflosen Kind.

Wir Menschen sind sehr unterschiedlich: Die Einen arm, die Anderen reich. Die Einen groß, die Anderen klein. Die Einen klug, die Anderen auch, nur auf andere Weise. Und wenn keiner sich für etwas Besseres hält als es alle miteinander sind, und man aufhört zu streiten und zu beneiden, zu taktieren und zu intrigieren, und zudem alle gemeinsam betend vor ihrem Gott stehen, weil sie wissen, sie alle sind in gleicher Weise durch ihn geschaffen - dann ist Weihnachten, dann scheint Licht in einer manchmal dunklen Welt.

Und Maria und Josef und Jesus - natürlich waren auch sie im Stall von Bethlehem dabei. Hoffentlich bleibt dies niemals das Einzigste, das sich in dieser Geschichte von selbst versteht.

II SO SCHÖN KANN FEIERN SEIN

2

Feiern zur Wende im Sommer - zum Beispiel Johannestag

Leben braucht Licht. Aber wo Licht ist, fällt auch Schatten. Braucht das Leben überhaupt den Schatten und dessen Seiten oder könnte das Leben auch ganz gut ohne seine schweren Erfahrungen auskommen? Sind die Schattenseiten des Lebens vielleicht sogar notwendig? Und wenn doch, wofür überhaupt und auch wozu?

Stundenlang könnte man darüber philosophieren oder auch theologisieren, spekulieren oder therapieren - oder auch einmal ganz schlicht nur darüber nachdenken - und erhielte wohl doch keine befriedigende Antwort auf die Frage nach dem Sinn des Leides in dieser Welt.

Wo Licht ist, ist eben doch auch Schatten. Und wann immer das Leben seine Sonnenseiten geniest, muss es wohl auch mit den Schattenseiten irgendwie zurechtkommen. Zumindest noch in dieser Welt. Gut möglich, dass es in Gottes neuer Welt keine Schatten mehr geben wird - Licht wird sein, und dies ohne Wenn und Aber.

Ja, wer immer in dieser Welt irgendwie zu Recht zu kommen sucht, wird wohl doch mit diesen leid- und kummervollen Fragen leben und

sie oft auch einfach nur stehen lassen müssen. Und allein auf Gottes neue Welt dabei zu schauen, wäre doch wahrlich ein billiges Vertrösten, wenngleich dies zugleich ein ganz wertvoller und teurer Trost ist.
Und so sei an dieser Stelle doch am besten wieder einmal an die Geschichte von Rut und Noomi erinnert, und an deren kleinen Hasen, vor dem sich plötzlich der Jäger in seiner dunklen Gestalt aufbaut. Wieso gerade mir muss so etwas geschehen? Ja, so hatte sich auch der Hase bisweilen gefragt... Warum gerade ich...? ...

So wie nun einmal der Schatten zum Licht gehört, so gehört zum Lauf des Jahres, dass es nicht nur die Zeit darin gibt, in der die Tage wieder zunehmen und länger werden - es gibt eben auch die andere Zeit - die, in der nicht die Tage, sondern vielmehr die Schatten der Mittagssonne von Tag zu Tag wieder zunehmen.
Der Mensch wird gut daran tun, feiert er nicht nur zur Wende der Sonne im Winter ein Fest, sondern auch zu der im Sommer. Wunderbar, wenn gerade auch am längsten Tag des Jahres ein Fest gefeiert werden kann, wenngleich natürlich dabei auch die Wehmut ein wenig mitschwingt, dass ab Morgen die Tage wieder kürzer werden.

Wie geht der Mensch durch seine Zeit? Und wie erlebt er sie im Einklang mit der Natur? Christen können dies von Halbjahr zu Halbjahr tun. Der Mensch hat natürlich viele Möglichkeiten, die Zeit in ihre Einzelteile zu zerlegen. Der Eine zählt Stunden, der Andere Minuten, der Dritte seine Jahre, nur dem Glücklichen schlägt keine Zeit.

Na ja, bisweilen denkt nur der die Stunden zählende Mensch, der Andere sei glücklicher. Ob dies wirklich so ist, mag einmal dahin gestellt sein. Meistens sind die Anderen auch nicht glücklicher, und dies nicht nur was die Zeit betrifft.
Im Grunde mag sich der Mensch seine Zeit einteilen wie er will. Jeder wird hier seine Art und Weise haben. Und wer vielleicht doch noch keine hat, dem sei gesagt, dass uns die Schöpfung eine wunderbare Möglichkeit bietet, uns gerade auch vom halbjährigen Wechsel von Licht und Dunkelheit prägen zu lassen.
Über Jahrhunderte hinweg haben sich Christen in ihrem Feiern vom Rhythmus der Natur prägen und begleiten lassen, und so haben sie die Zeit zwischen Weihnachten und dem Johannestag, die Zeit, in der das Licht von Tag zu Tag ständig zunimmt „Des Herren Halbjahr“ genannt. Und diesem steht „Des Menschen Halbjahr“ gegenüber, die Zeit ausgehend vom Johannestag bis wieder hin zu Weihnachten, in der alle Tage wieder kürzer werden.
Mit Bitte im Verständnis sei an die Menschen der Südhalbkugel gedacht, die hier immer ein wenig umdenken müssen. Das Feiern der Menschen ist eben doch viel älter als deren Wissen um Gottes Schöpfung und Natur.
Welch große Botschaft aber verbirgt sich doch allein darin, dass das Weihnachtsfest zu einer ganz bestimmten Zeit im Jahr gefeiert wird! Und welch große Botschaft, dass auch der Johannestag nicht irgendwann im Jahr, sondern diesem genau gegenüber zu finden ist. Könnte es da überhaupt anders sein, als dass alle Christusfeste auf die eine Hälfte des Jahres fallen und alle weiteren Feste auf die andere? Es gibt Feste im Feiern der Christen, in denen stehen der Mensch selbst und sein Weg im Mittelpunkt des Gedenkens. Und es

gibt Feste im Feiern der Christen, in denen stehen Christus selbst und sein Weg im Gedenken und im Mittelpunkt.
Und so wurde das Halbjahr des Herrn mit seinen Christusfesten zu dem des zunehmenden Lichtes und der kleiner werdenden Schatten der Mittagssonne. Des Menschen Halbjahr mit seinen Gedenk- und Feiertagen ist nun das des abnehmenden Lichtes und der größer werdenden Schatten.
Christus nimmt zu. Licht kommt in die Dunkelheit. Weihnachten steht am Beginn des zunehmenden Halbjahres im Lauf der Erde um ihre Sonne. Christus nimmt zu - ausgehend von Bethlehem, über den Dreikönigstag hin zur Passionszeit und dem Weg zum Kreuz, und bis schließlich hin zum Osterfest und Christi Himmelfahrt.
Und so erkennt der feiernde Mensch im Zunehmen der Tage im Halbjahr des Herrn zugleich das Zunehmen des göttlichen Lichtes.

Im Abnehmen der Tage im Halbjahr des Menschen wird es dem Menschen ebenfalls gut tun, die Wahrheit zu erkennen und ihr ins Auge zu schauen. Des Menschen irdischer Weg nimmt ebenso stetig ab, wie die Tage nun einmal zwischen Johannestag und Weihnachtsfest ständig kürzer werden.
Auf die festlose Zeit in den Wochen des Sommers folgt das Erntedankfest. Gut, dass es im Leben des Menschen lange Wochen des Sommers gibt, in der er nicht allzu oft an seine Vergänglichkeit denken braucht. Im Herbst des Jahres jedoch ist es Zeit, dankbar auf die schönen Wochen des Sommers zurückzublicken - in der Gewissheit, dass selbst der schönste Sommer einmal zu Ende gehen wird. Im Herbst des Lebens ist es Zeit, dankbar auf die Wochen des Sommers zurückzublicken, in der Gewissheit...

Ja, die Feste im Halbjahr des Menschen erinnern diesen daran, der Wahrheit ins Auge zu schauen, sie erinnern auch an manche Schuld und an Versagen, an manches Leid und die Vergänglichkeit - und dies nicht nur allein am Buß- und Bettag und am Totensonntag. Im Abnehmen der Tage im Halbjahr des Menschen sollte der gedenkend feiernde und der feiernd nachdenkliche Mensch das Abnehmen seines eigenen Weges erkennen.

Aber welch wunderbare Botschaft, dass das abnehmende Halbjahr des Menschen nicht mit dem Totensonntag endet. Welch große Botschaft, dass auf den Totensonntag hin eine Woche später immer wieder neu das Licht des Adventes leuchten darf und Christen dabei singen: „Macht hoch die Tür, die Tor macht weit…“
Gott sei Dank endet des Menschen Weg im Feiern seiner Feste nicht mit dem Totensonntag. Im Feiern der Feste blickt der Mensch schon mal über diese Welt hinaus. Das Heilige selbst will ihm begegnen. Ja, was mag das wohl zu bedeuten haben, dass das Halbjahr des Menschen nicht mit dem Totensonntag endet, sondern der Advent noch mit dazugehört - schon mit dazugehört?

Im Laufe der Feste des Jahres steht des Öfteren eben dieser Johannestag zur Wende der Sonne im Sommer leicht in der Gefahr, vergessen zu werden - und seine Botschaft noch viel mehr.
„Johannes der Täufer war in der Wüste und predigte die Taufe der Buße zur Vergebung der Sünden.“. So lesen wir es über ihn in den Worten der Bibel (Evangelium nach Markus, Kapitel 1, Vers 4). Große Worte prallen in diesen wenigen Silben aufeinander. Und auf die großartigen Worte folgen zudem noch recht merkwürdige.

„Johannes aber trug ein Gewand aus Kamelhaaren und einen ledernen Gürtel um seine Lenden und aß Heuschrecken und wilden Honig.“
Genau - das Leben braucht bisweilen echte Typen. Johannes war in der Tat so einer und dies bei Weitem nicht nur in dem, was er tat. Er lebte recht zurückgezogen und sein äußeres Erscheinungsbild schien ihm nicht allzu wichtig zu sein. Er wusste zwar, was die Leute in aller Regel sagten und auch dachten - dass wohl Kleider Leute machen würden. Aber er war auch so klug, um zu wissen, was sich hinter manchen dieser Kleider schließlich doch am Ende nur versteckt. Und statt in schicken Kleidern bei ausgiebigen Fest- und Arbeitsessen oder auch bei den leckeren Snacks der Stehtischempfänge auf gern gehörte Worte und gut gesehene Gesten achten zu müssen, blieb er dann doch lieber bei seinem Schnell-Essen in der Anonymität der Wüste vor den Toren der großen Stadt.
Ein Unbekannter war er dennoch nicht, denn so Manche hielten ihn für einen Spinner und nahmen ihn nicht ernst. Sicher, er hätte wohl mehr Gehör für seine Gedanken und Worte gefunden, hätte er sich in feine Kleider geworfen und sich an den noblen Tischen und Empfängen gesellschaftsfähig gezeigt. Aber er hätte sich eben verkleiden und verstellen und sich auch etwas willig für manchen Kompromiss zeigen müssen. Aber solche ging Johannes ungern ein.
So Manches wäre auf diese Weise sicher einfacher für ihn gewesen. Aber eines wäre er dann eben auch nicht mehr gewesen: ein echter Typ. Und da dies zu jeder Zeit eine vom Aussterben bedrohte Gattung ist, können wir doch heute dankbar sein, dass er in seiner

Behausung in der Wüste und in seinen Kamelhaarkleidern und bei seinen Heuschrecken geblieben und vor allem sich selbst treu geblieben ist.

Aber nicht alle hielten ihn für einen Spinner. Sicher, es waren weniger als diejenigen, die es taten. Aber immer im Leben gibt es solche und solche, und auch mehr solche als solche. Einige der Jünger und Freunde, die später mit Jesus unterwegs sein werden, waren auch mit Johannes schon gut befreundet. Andreas zum Beispiel und sein Bruder Simon Petrus. Und so war Johannes auch ein Vorbild. Für so Manche ist Johannes gerade deswegen auch zu einem Vorbild geworden, weil er sich selbst treu geblieben ist.
Aber Vorbilder sind nur dann ein gutes Vorbild, wenn sie zur rechten Zeit an Bedeutung abnehmen. Johannes der Täufer war auch für Jesus Vorbild und Wegbereiter. Und Johannes wusste, dass er an Bedeutung abnehmen muss, damit ein Anderer diese übernehmen und mehr als weiterführen kann.

Johannes war ein echter Typ, er war anders als viele Andere und dies nicht nur in dem, wie er sich kleidete und was er aß - aber darauf achten eben die Leute. Und weil echte Typen wirklich nur im Fall der äußersten Not Kompromisse eingehen, stand sich bisweilen Johannes selbst sehr oft im Weg.
Andere sind da anders. Andere sind anpassungs- und somit oft auch überlebensfähiger. Sich selbst stehen diese eher selten im Weg. Aber auch sie können sich schließlich nicht in Luft auflösen und brauchen ihren Platz im Leben. Und wer sich nicht selbst im Weg stehen und dennoch durchkommen will, muss halt bisweilen

seinem Nächsten in die Quere kommen. Johannes war anders. Er kam sich lieber selbst statt seinem Nächsten in die Quere.

Aber weil Johannes immer auch versuchte, Johannes zu bleiben, konnte er zu einem Vorbild werden. Und wenn schließlich das Neue das Bisherige an Bedeutung sogar übersteigt, dann hat das Vorbild sogar noch mehr als nur seinen Sinn erfüllt. Ja, ein Meisterschüler, wenn er denn als Schüler irgendwann einmal seinen Meister überragt, sollte schon zu schätzen wissen, durch wessen Schule er gegangen ist. Aber so mancher wurde wohl erst gar nicht zu einem Meisterschüler, weil der Meister selbst ihn nicht gelassen hat. So manche hätten gute Vorbilder für viele werden können, wenn sie sich zur rechten Zeit zurückgezogen hätten.

Dem Weihnachtsfest zur Wende der Sonne im Winter steht der Johannestag zur Sommersonnenwende gegenüber. Johannes kann gewiss damit leben, dass das große Fest im Winter auch heute noch einen anderen Stellenwert als sein Gegenüber hat. Und welch vorbildliche Botschaft verbirgt sich hinter diesem fast vergessenen Fest: Jeder Mensch auf seinem irdischen Weg wird abnehmen in seiner Bedeutung und es werden andere nach ihm kommen, deren Bedeutung hoffentlich nicht geringer sein wird.

Nicht ohne ein wenig Wehmut wird dies zu bedenken sein. Ja, ein wenig Wehmut ist eben doch dabei, wenn auf dem Höchststand der Sonne im Sommer zurzeit der längsten Tage daran gedacht werden sollte, dass doch ab Morgen die Tage wieder kürzer werden. Des Lebens Tage werden kürzer. Aber jetzt ist erst mal Sommer.

II SO SCHÖN KANN FEIERN SEIN

3

Ein Fest im Frühling - zum Beispiel Ostern

„Vom Eise befreit…“ - Wenn eines der wohl bekanntesten Frühlings- oder auch Ostergedichte gleich in seinem ersten Verb von Befreiung spricht, dann ist allein mit diesem einen Wort schon einmal alles gesagt, was das Wesen eines Frühlingsfestes ausmacht. Frühling ist Befreiung, Ostern ist Befreiung.

Das Leben braucht nicht nur Licht, sondern auch Freiheit. Nicht viel später nachdem der Mensch das Licht der Welt erblickt hat, wird er gelöst und befreit, erlöst und entbunden - und sein Nabel ist nun Zeugnis eigenständigen Lebens; wenngleich es dieses natürlich zu schützen und zu bewahren gilt.
Schon das Neugeborene braucht Schutz und Befreiung zugleich. Schon das Neugeborene muss hier bewahrt und dort jedoch auch losgelassen werden. Und wenn in den alten Geschichten der Griechen hinter dem Omphalos - dem Nabel - zugleich der Stein der Mitte und der Nabel der ganzen Welt stehen, dann können uns

diese Mythen eben auch erzählen, dass der Mensch als seinen Lebensmittelpunkt einerseits einen Halt außerhalb seiner selbst braucht und andererseits ohne Befreiung gerade auch von diesem nicht gut leben kann.
Um die Mitte der Welt zu erkennen, entsandte Zeus an deren äußersten Enden je einen Adler und diese trafen sich am „Nabel der Welt". Und allein hinter der Form des diesen Ort markierenden Omphalos-Steines steht ein altes Symbol des Lebens und der Fruchtbarkeit.

Der Nabel ist Symbol geschenkten und versorgten Lebens und doch zugleich einer unabhängigen und abgenabelten Existenz.
* So sehr das Neugeborene vom Schutz der Eltern lebt, muss es sich zugleich von diesen befreien, um gut mit ihnen leben zu können.
* So sehr der Nachkomme von den Geschichten seiner Ahnen lebt, muss er sich zugleich von ihnen befreien, um sie in guter Weise weiterschreiben zu können.
* Und selbst der nach Gott suchende Mensch muss bei aller Sehnsucht nach dessen Nähe zugleich distanziert von diesem Leben.
„Zu seinem Ebenbild schuf Gott seine Menschen" - so erzählt es ein altes biblisches Schöpfungslied. Aber ebenbildlich und ebenbürtig, seinem Schöpfer angemessen leben, kann nur der, der sich von diesem abgenabelt hat. Und so wird dem Menschen also doch letztlich nichts anderes übrig bleiben, als selbst zu dem zu stehen, was er tut und was er lässt, statt nur die Eltern oder nach der Tradition der Ahnen zu fragen oder sich gar auf eine Vorsehung des

Schöpfers zu berufen. Verantwortungsvolles Leben sollte selbst entscheiden, was zu tun ist und nicht anderen Menschen oder gar dem Schöpfer diese Entscheidung abverlangen. Menschen, die diese Distanz nicht halten, stehen bisweilen in der Gefahr, von der so auferlegten Last der Eltern oder auch der Ahnen oder gar des Heiligen erdrückt zu werden.
Gut, wer hier Befreiung erlebt und abgenabelt von seinem Schöpfer leben kann, um ihn gerade aus dieser neuen Sicht zu loben und zu preisen. Leben braucht Befreiung. Und in allererster Linie muss sich Leben gerade auch von dem loslösen, das ihm das Dasein erst gegeben hat - wenngleich es gut tun wird, diesen Ursprung niemals aus dem Blick zu verlieren.

Leben braucht Freiheit. Selbstverständlich jedoch ist diese nicht. Sie kann es niemals sein, lässt sie sich auf der einen Seite doch nur von ihren eigens auferlegten Grenzen definieren und auf der anderen Seite von dem, was sie von außen beschränkt. Umso mehr verdient sie es, dort gefeiert zu werden, wo sie in guter Weise gelebt werden kann.
Und so sind gerade Frühlingsfeste im Feiern der Menschen zu erlösenden und befreienden Festen geworden. Wovon kann und muss der Mensch nicht alles befreit werden? Schwer möglich, dem gerecht zu werden, der hier einfache Antworten sucht. Zu unterschiedlich sind die Menschen in ihren Situationen. Zu verschieden die Geschichten derer, die, wenn nicht gleich Befreiung möglich ist, wenigstens doch etwas Entlastung nötig haben. Das Leben braucht zumindest Entlastung, wo Befreiung nicht in Sicht ist. Der Frühling jedoch zeigt sich in jedem Jahr aufs Neue auch von

seiner wunderbaren Seite. Und so steht gerade hinter den vielen Frühlingsfesten der Menschen sehr oft zugleich eine befreiende und erlösende Botschaft.

„Vom Eise befreit..." so im bekannten Ostergedicht. „Der Schnee ist wunderschön, aber lasst uns hoffen, dass bald der Frühling kommt" so Papst Benedikt XVI. in seiner Ansprache im Januar 2012 vor den Menschen des verschneiten Petersplatz in Rom. Ein langer und harter Winter vermag die Sehnsucht nach dem Frühling bis ins schwer Erträgliche zu steigern. Umso mehr haben Menschen zu allen Zeiten den Frühling dann gefeiert und begrüßt, war er denn endlich da.

In den uns erzählten biblischen Geschichten aus der Frühzeit Israels sind es halbnomadische Sippen und Stämme gewesen, die die erste Vollmondnacht vor dem Aufbruch des Weidewechsels im Frühjahr jeweils noch abgewartet haben, um schließlich die Erlösung und Befreiung von der alten und vergangenen Zeit mit deren Ängsten und Zwängen zu feiern. Das über dem Zelteingang aufgetragene Blut eines Stücks Kleinvieh stand als Zeichen, dass das Vergangene nun keine Macht auf die Gegenwart mehr auszuüben vermochte und sich nun in seiner Schwäche in manch raue Welt zurückgezogen hat. Von der Härte der Vergangenheit befreit, konnte man hoffend in die Zukunft schauen.
Die Geschichten der Menschen sind sehr verschieden. Und wenn hinter der Härte der Vergangenheit im Bekenntnis des etwas späteren Israels die bittere Erfahrung während der Gefangenschaft in Ägypten stand, so ist gerade die Befreiung daraus ein ganz

zentrales Bekenntnis im Glauben Israels geworden, das sich durch die gesamte jüdische Tradition bis in die Gegenwart hindurch getragen hat.
Aber andere Menschen haben anderes erlebt. Andere Völker haben ihre ganz eigene Geschichte. Andere Kulturen haben ihre Tradition. Und wiederum - die Grunderfahrung bleibt dieselbe. Wann immer Menschen Entlastung oder gar Befreiung und Erlösung aus für sie schwer erträglichen oder gar unerträglich gewordenen Situationen erlebt und erfahren haben, darf dies gefeiert werden; und so manches dieser Frühlingsfeste kann dabei vielleicht sogar mitten im Herbst seinen Anlass finden.

Hinter dieser Art Frühlingsfeste verbirgt sich so viel Schweres wie zugleich Wunderbares. Frühlingsfeste blicken zurück auf einen harten Winter. Dieser jedoch verliert an Kraft und hat auf die Gegenwart keinen unmittelbaren Einfluss mehr. Ein schwerer Winter vermag es zwar, nicht so schnell vergessen zu werden, aber er darf abgehakt werden, er ist vorüber, er darf hinter sich gelassen werden. Frühlingsfeste sind Feste der Erlösung und Befreiung.
So manches im Leben muss hinter sich gelassen werden, um befreit weiterleben zu können. Nicht, dass es vergessen werden braucht - oder kann. Aber das Neue und nicht das Vergangene bestimmt nun die Gegenwart. Bisweilen kann es schwer sein, das Vergangene hinter sich zu lassen. Bisweilen kann es sogar schwer fallen, selbst das Belastende abzuhaken. Manch gute Erinnerung wird auch dabei zu finden sein. Aber das Leben braucht diese Frühlingsfeste, denn Leben ist Veränderung. Altes muss vergehen, damit Neues entstehen kann. Letztlich bleibt eben doch nichts, wie es war, selbst

wenn die Sehnsucht bisweilen groß ist, alles möge doch so bleiben wie es immer schon gewesen ist. Das Leben bleibt nicht stehen, es entwickelt sich. Leben ist Evolution - und Traditionen geben gerade dann ihren Schatz weiter, indem sie sich weiterentwickeln.
Leben braucht Veränderung. Und in allererster Linie muss sich Leben gerade auch von dem loslösen und das verändern, das ihm das Dasein erst gegeben hat. Das Neue macht sich freilich schuldig, verliert es das Alte aus dem Blick. Das Alte jedoch macht sich ebenso schuldig, gibt es dem Neuen keinen Raum.
Altes alt sein und Neues neu werden, Schuld hinter sich lassen und Neuanfänge ermöglichen - ohne diesen Frühling ist kein Leben möglich. Und so darf der Mensch - auf welche Art und Weise er dies auch immer tun mag - immer wieder aufs Neue gelassen und befreit den Frühling und das Leben feiern.

Aus der griechisch-römischen Gewohnheit, zu Tisch zu liegen, hat das jüdische Passafest zu seinem Festessen diese Tradition übernommen. Zu Tisch zu liegen darf als Zeichen der von Gott geschenkten Befreiung verstanden werden und gefeiert nach dem ersten Vollmond nach der Tag- und Nachtgleiche im Frühjahr ist es das jüdische Fest des Neuanfangs geworden.
Und während die Einen befreit zu Tisch liegen, lassen die Anderen das Vergangene und das Belastende einfach in Rauch und Asche aufgehen. Im Denken an die heilige Walpurga werden das Frühjahr begrüßend so manche Feuer entzündet, um dabei das Neue des Lebens feiernd und das lebensfeindliche hinter sich lassend zu singen und zu tanzen. „Wer unter Euch, der wenn er fällt, nicht gern wieder aufstünde?“ - so fragt bereits der Prophet im Alten

Testament. Leben ist Neuanfang, Leben ist Aufstehen, Leben ist Auferstehung.

Auch Ostern ist Neuanfang, auch Ostern ist Aufstehen, auch Ostern ist Auferstehung. Und wenn Christen ihr Osterfest feiern, dann können sie dies mit vielfältigen Blicken tun.

* Sie können den Frühling als solchen feiern. Auch der Winter war schön, aber lasst uns freuen, dass nun Frühling ist. Ostern ist Neuanfang. Der Frühling ist da.

* Und sie können dabei auch ihr eigenes Leben und ihren eigenen Frühling feiern. Gott sei Dank, muss nicht alles im Leben immer neu werden. Gott sei Dank, darf auch einiges bleiben, wie es schon lange gewesen ist. Gott sei Dank gibt es neben allem Wandel in dieser Welt auch die eine oder andere Beständigkeit. Aber wann immer der Mensch mit Blick auf sein Leben Leidvolles und Belastendes loswerden und hinter sich lassen, von sich werfen und befreit nach vorne schauen oder auch erst einmal nur hoffen kann, darf er dabei wissen, solche persönlichen Oster- oder auch Frühlingsfeste geben dem Leben bisweilen erst seine Vielfalt und seine Farben. Ostern ist Aufstehen.

* Und wenn Christen ihr Osterfest feiern, können sie noch einen weiteren Blick wagen. Sie können einen Blick in die Richtung werfen, deren Horizont sie erst erahnen können. Ostern ist Auferstehung. Wie heißt es so schön im wunderbaren Frühlingsgedicht: „Sie feiern die Auferstehung des Herrn". Einst wird es bei jedem darum gehen, nicht nur einzelne Erfahrungen und Wegstrecken des Lebens hinter sich zu lassen, um wieder neue zu gehen; einst wird es für jeden darum gehen, das ganze Leben und alle seine Tage in dieser Welt mit samt seinen Erlebnissen und

Erfahrungen, Bekanntschaften und Freundschaften, Liebevollem und Leidvollem hinter sich zu lassen. Ostern ist Auferstehung und Neuanfang. Bei aller Wehmut und Angst, wenn es darum geht, einmal die gesamte Wegstrecke in dieser Welt hinter sich zu lassen, aber auch bei aller Trauer und bei allem Schmerz, beim Erinnern an Menschen, die dies bereits zuvor tun mussten, bleibt Ostern ein Frühlingsfest - ein Fest, das Neues entstehen lässt.

„Zum Bilde Gottes schuf Gott den Menschen“ - so im ersten der biblischen Bücher. Und im letzten hört der Mensch Gott zu sich reden: „Siehe, ich mache alles neu!“.

II SO SCHÖN KANN FEIERN SEIN

4

Ein Fest im Herbst - zum Beispiel Erntedank

Nicht nur der Schöpfer selbst gab seinem Universum eine wunderbare Ordnung, nach deren Regeln Galaxien entstehen und wieder verschwinden, Lichtquellen eine Zeit lang strahlen und wieder erlöschen, Sterne in sich zusammen- oder auch auseinanderfallen und hier und da es in den Weiten des Alls Orte gibt, an denen sogar Leben in der uns vorstellbaren oder auch in einer uns unvorstellbaren Weise möglich ist. Man stelle sich vor, der Mensch könnte auch nur einen Teil dieser großen Ordnung nicht nur erahnen um sie in Theorien zu beschreiben, sondern gar verstehen. Wie dankbar erst könnte er sein, würde er sehr viel mehr von der Größe der Schöpfung erkennen.

Umso erstaunlicher und bemerkenswert, dass Menschen allein um viel kleinerer Zusammenhänge dankbar sind und Feste feiern können. Und sie tun dies ebenfalls nach einer wunderbaren Ordnung, die sie sich im Zusammenspiel mit der Natur gegeben haben. Pole und Paradoxien prägen in vielen Bereichen das Leben

der Menschen. Auf sich angewiesene Gegensätzlichkeiten ergeben sehr oft am Ende doch ein wunderbares Ganzes. Was wäre das Leben ohne den Tod? Was wäre der Schmerz ohne die Freude? Das Leben selbst und seine Erfahrungen, des Menschen Denken und sein Tun, Gefühle und Empfindungen und Vieles mehr im Leben - vielleicht sogar der ganzen Schöpfung Sein - versteht und sieht, beschreibt und definiert sich mal bewusst, mal unbewusst, doch stets von seinem Gegenüber her.
Was ist gut und was ist böse? Was ist groß und was ist klein? Wer ist klug und wer ist ...? Es gehört zum Wesen auch des Menschen, Dinge von ihrem Gegenüber her zu definieren. Und so wenig er die Gesetze der Natur überwinden kann, so wenig wird er sich von diesem Schema befreien können.
Gott aber allein ist gut. Welch große Worte im Rahmen des biblischen Zeugnisses. Gott ist der Eine, ohne Gegenüber, der Allmächtige, der Schöpfer der Himmel und der Erde. Außer ihm ist keiner. „Ich bin, der ich bin“ - so stellt sich Gott bisweilen dem suchenden Menschen vor. Gott ist, der er ist. Er war, der er war. Und er wird sein, der er sein wird. Der EINE bedarf nach großen Teilen des biblischen Zeugnisses keiner Sache außer seiner selbst, um sich zu definieren. Wer ist Gott und wie ist Gott? Unmöglich sich ein Bild zu machen. Der Heilige ist, der er ist.

Der Mensch selbst braucht ein Gegenüber, um sich selbst zu finden. Er braucht zum Weiß das Schwarz und denkt Schwarz-Weiß und kann es in der Tat nicht anders. Die einfachste Form ist wohl dabei die kleinkarierte Weise, die ein Schachbrett zu bieten hat. Ying und Yang haben demgegenüber mehr Mut. Gott aber allein ist gut und bedarf keines Gegenübers. Er ist, der er ist. Mancher Glaube will sich dennoch ein Bildnis dieses Schöpfers machen und beschreibt dabei ein großes Gegenüber. Warum nur muss der Mensch ständig nur Schwarz-Weiß denken?

Dem Weihnachtsfest steht der Johannestag gegenüber. Dem zunehmenden Halbjahr das der abnehmenden Tage. Der Walpurgisnacht am letzten Tag des vierten Monats steht Halloween am letzten Tag des zehnten Monats gegenüber. Auch seinem Feiern gab der Mensch eine feste Ordnung. Und so kann es gar nicht anders sein, als dass dem Frühlingsfest auch eines im Herbst gegenüber steht.

Herbstfeste sind Erntefeste und Erntefeste sind in besonderer Weise Dankfeste. Wann immer Menschen im Herbst ein Fest feiern, darf ihnen dabei auch bewusst sein, dass das Leben keine Selbstverständlichkeit ist. Und wann immer es Menschen gibt, denen es als selbstverständlich erscheint, dass sie Nahrung und Kleidung, Wohnung und Schutz haben, haben sie allen Grund, spätestens im nächsten Herbst feste mit zu feiern.
Menschen nehmen bestimmte Dinge gerne selbst in die Hand. Manchmal nehmen Menschen Geld in die Hand. Manchmal wollen sie ihre Zukunft selbst in die Hand nehmen. Das Leben gar selbst in die Hand nehmen und das Schicksal gleich dazu. Selbst ist der Mensch - aber lebt er am Ende nicht doch vielmehr als er denkt von der Hand in den Mund?
Menschen, die von der Hand in den Mund leben, fällt es bisweilen leichter, dankbar für Nahrung, Kleidung und Wohnung zu sein als

Menschen, die zwischen den Händen und dem Mund ihr Hab und Gut auf den verschiedensten Konten dieser Welt noch zwischenparken können und dies in der Hoffnung und dem Bestreben, es vermehrt sich dabei auf manch wundersame Weise. Menschen, die von der Hand in den Mund leben, haben in der Tat andere Fragen und Sorgen als Menschen, die Anlageformen ihrer Zwischenlager suchen.

Das Zeugnis der Bibel kennt solche und solche Menschen. Wie sollte es auch anders sein, es gibt in jeder Beziehung solche und solche Menschen.
Josef in seinen Jahren in Ägypten legte sich in den guten Jahren Zwischenlager an und so hatte man in den schweren Jahren genügend Vorrat (1.Buch Mose, Kapitel 41). Spare in der Zeit, dann hast du in der Not. Nicht anders also war es bei Josef in Ägypten. Ein Kornbauer tat das Selbe. Er baute sich größere Scheunen, um sein Gut auch wirklich unterzubringen. Für die Rente hatte er bestens vorgesorgt, nur erlebte er den ersten Tag seiner Pension nicht mehr (Lukasevangelium, Kapitel 12).
Jesus lebte ständig von der Hand in den Mund. Aber er hatte auch gute Freunde, die ihn mit versorgten und einige dieser Freunde waren ebenso gute Fischer.

Wann immer Menschen genügend zu Essen und zu Trinken und dazu noch Kleidung und Wohnung hatten, konnten sie nicht anders als im Herbst zur Erntezeit ein großes Fest zu feiern. Lob und Dank dem Schöpfer, denn letztlich ist das Leben doch keine Selbstverständlichkeit.

„Und der Herr redete mit Mose und sprach: Rede mit der ganzen Gemeinde der Israeliten und sprich zu ihnen: Ihr sollt heilig sein, denn ich bin heilig, der Herr, euer Gott.
Wenn du dein Feld aberntest, sollst du nicht alles bis an die Ecken deines Feldes abschneiden und auch nicht Nachlese halten. Auch sollst du in deinem Weinberg nicht Nachlese halten noch die abgefallenen Beeren auflesen, sondern dem Armen und Fremdling sollst du es lassen; ich bin der Herr, euer Gott. (3.Buch Mose, Kapitel 19).

Eine Erntegeschichte aus der frühen Zeit Israels, aufgeschrieben im dritten Buch der Bibel, dem Buch Levitikus. Ein Buch der guten Ratschläge ist das Buch Levitikus und ebenso ein Gesetzesbuch. Regeln und Anweisungen für das tägliche Leben aus der Zeit des frühen Israels. Dem Stamm Levi war es anvertraut, das Gesetz zu verwalten und zu bewahren, es zu vermitteln und im Gottesdienst zu verlesen. Die Leviten verlasen das Gesetz. Gut, wenn einem hin und wieder einmal in guter Weise die Leviten gelesen werden.
Der Glaube Israels hat in dieser Zeit eine wunderbare Wendung genommen. Gott sei Dank gab es zu jeder Zeit Menschen, die alte Glaubensrituale und Glaubensvorstellungen, alte Überlieferungen und Traditionen, Bräuche und Riten, Gewohnheiten und Wahrheiten bisweilen hinterfragt und hier und da auch verändert haben. Gut, wenn einem hin und wieder einmal in guter Weise die Leviten gelesen werden und fragwürdige Glaubensvorstellungen dabei sogar überwunden werden können.
Wenn in der Vorzeit Israels die Ecken des Feldes bei der Ernte nach altem Brauch stehen gelassen wurden, dann war dies ein Opfer für

die Götter der Fruchtbarkeit. Gut, wenn der Mensch die Ernte nicht als von selbst gegeben hinnimmt, sondern seinem Gott dafür dankbar ist. Die Ecken des Feldes blieben stehen, ein Opfer für die Götter der Fruchtbarkeit aus früherer Zeit. Der Glaube Israels hat in dieser Zeit eine wunderbare Wendung genommen. „... dem Armen und dem Fremdling sollst du dies lassen."
Wunderbar, wenn alte Bräuche am Leben erhalten und zugleich der Zeit entsprechend mit neuem Inhalt gefüllt werden. Mancher Glaube bringt nicht die Toleranz auf, fremde Bräuche in vielfältigem Sinn am Leben zu erhalten. Die Leviten aber hatten was zu lesen, über ein Erntefest im frühen Israel: „Lasst die Ecken des Feldes stehen, nach gutem altem Brauch, denn die Armen und Fremdlinge sollen auch leben."

Herbstzeit ist Erntezeit. Ein Fest der Dankbarkeit seit der Mensch essen und trinken kann. Gefeiert werden darf dies auf verschiedenste Weise. Die Bräuche können nicht vielfältig genug sein. Aber: Vergesst bei allem Feiern die Armen und Fremdlinge im Land nicht.

II SO SCHÖN KANN FEIERN SEIN

5

Feiern zu Beginn des Lebens - zum Beispiel Taufe

Katholische Christen kennen sieben Sakramente, evangelische feiern zwei dieser geheimnisvollen und heiligen Handlungen und bezeichnen sie als solche. Auch evangelische Christen feiern freilich Firmungen von Jugendlichen oder Gottesdienste zur Trauung zweier Menschen. Auch evangelische Christen kennen natürlich Beichtgespräche und Krankensalbungen. Und auch evangelische Christen weihen in besonderen Gottesdiensten ihre Priester. Und doch sehen sie in diesen kirchlichen Handlungen keine Sakramente, sondern allein in der Taufe und im Feiern des Heiligen Abendmahles - unterscheiden sich doch diese beiden von den weiteren fünf darin, dass Jesus selbst damit unmittelbar in Verbindung gebracht werden kann. Jesus selbst ließ sich taufen und feierte später mit seinen Jüngern das Heilige Mahl.

Ob nun allein diese beiden und gar alle sieben als besonders heilige Handlungen angenommen werden dürfen, darüber mögen zum einen die Gelehrten reden und zum anderen diejenigen in ihrem Glauben empfinden, die die Sakramente empfangen. Und in der Tat, nicht allzu viel später nachdem Jesus am Jordan von Johannes getauft wurde und mit seinen Nachfolgern das Abendmahl feierte, kamen die Christen ins Gespräch darüber, welches Alter für einen Täufling wohl das angemessenste ist und ob gar auch Kinder schon im Namen des dreieinigen Gottes getauft werden dürfen, wo doch zu biblischen Zeiten die Meisten dabei erst erwachsen gewesen sind. Und sollten gar Ungetaufte am Tisch des Herrn das Abendmahl mit feiern dürfen?

Es ist schon erstaunlich, dass in der Geschichte der Christen und ihrer Kirche über nichts anderes so viel gestritten und entschieden, geschieden und verschieden diskutiert wurde, als über das rechte Verständnis der Taufe und des Abendmahles. Natürlich, für Dinge, die einem gleichgültig sind, braucht man nicht mit Herzblut zu kämpfen. Und doch sind Gottes Gedanken dazu wohl ohnehin - so spürten es bereits die alten Propheten in ganz anderen Zusammenhängen - höhere als der Menschen Gedanken und seine Wege sind andere als die der Menschen.

Christen taufen als Zeichen der Gegenwart ihres Gottes Menschen und feiern miteinander im Bewusstsein der Gemeinschaft mit ihrem Herrn das Mahl. Ist es also diese wunderbare Sache wert, dass gerade dabei sich Glaubende gegenseitig ausschließen und Gemeinden sich entfremden, Kirchen sich spalten und Menschen sich verachten? Wo immer dies geschieht - nimmt sich der Mensch vielleicht doch etwas zu ernst und zu wichtig und liebt er sich dabei vielleicht doch selbst mehr als seinen Gott oder gar den nächsten Menschen?

Selig, wer hier glauben kann, wie die Kinder. „Ich will auch was haben!“ - so rief mir ein Kind im Vorschulalter beim Austeilen des gebrochenen Brotes während der Abendmahlsfeier einmal zu, das mit seinen Großeltern zum Tisch des Herrn kam und doch nach der Ordnung „nur gesegnet“ werden sollte. „Selig seid ihr, wenn ihr glaubt, wie die Kinder!“ - so ruft es Jesus denen zu, die ihm Nachfolgen.
Und selig, wenn Menschen zum Beispiel auch durch die Heilige Taufe die Geburt eines Kindes feiern können und diesen neugeborenen Menschen dabei dankbar aus Gottes Hand annehmen. Wunderbar, wenn die Geburt eines Menschen als so wertvoll erachtet wird, dass sie in einem großen Fest gefeiert wird. Wunderbar, wann immer Menschen das Leben feiern. Um wie viel mehr erst, wenn sie es tun, um einen einzigartigen Menschen ganz neu in ihre Gemeinschaft aufzunehmen.

Andere Menschen werden nicht so wunderbar in dieser Welt empfangen. Ja, nicht jeder bekommt zu Beginn seines Lebens so viel Aufmerksamkeit und Liebe geschenkt, so dass für ihn ein großes Fest gefeiert wird. Zugleich sollte freilich nicht erst großartig gefeiert werden müssen, um einem Menschen Aufmerksamkeit und Liebe zu erweisen. Und wiederum stelle man sich nur einmal das prunkvollste Fest vor, das nur um eitlen Prunkes und nicht um eines Menschen wegen gefeiert wird. Ja, die Menschen sind verschieden; und so verschieden sie eben sind, so unterschiedlich werden sie auch zu Beginn ihres Lebens in dieser Welt empfangen.
Gott ist ihnen allen gegenwärtig - dessen dürfen sich all seine Menschen gewiss sein. Und wann immer Menschen zum Beispiel

zur Taufe kommen, dürfen sie dabei Gott selbst und das Leben, und natürlich auch sich selbst und ihren Nächsten feiern.

Und so gibt es in der großen Geschichte der Christen natürlich immer wieder auch wunderbare Geschichten von Menschen, die taufen und denen, die als Zeichen für den auch ihnen gegenwärtigen Gott getauft werden. Die Bibel selbst kennt bereits solche Geschichten, wie sollte es auch anders sein. Lukas in seiner Apostelgeschichte erzählt uns eine.

> Aber der Engel des Herrn redete zu Philippus und sprach: Steh auf und geh nach Süden auf die Straße, die von Jerusalem nach Gaza hinabführt und öde ist. Und er stand auf und ging hin. Und siehe, ein Mann aus Äthiopien, ein Kämmerer und Mächtiger am Hof der Kandake, der Königin von Äthiopien, welcher ihren ganzen Schatz verwaltete, der war nach Jerusalem gekommen, um anzubeten.
>
> Nun zog er wieder heim und saß auf seinem Wagen und las den Propheten Jesaja. Der Geist aber sprach zu Philippus: Geh hin und halte dich zu diesem Wagen! Da lief Philippus hin und hörte, dass er den Propheten Jesaja las, und fragte: Verstehst du auch, was du liest? Er aber sprach: Wie kann ich, wenn mich nicht jemand anleitet? Und er bat Philippus, aufzusteigen und sich zu ihm zu setzen. Philippus aber tat seinen Mund auf und fing mit diesem Wort der Schrift an und predigte ihm das Evangelium von Jesus.
>
> Und als sie auf der Straße dahinfuhren, kamen sie an ein Wasser. Da sprach der Kämmerer: Siehe, da ist Wasser; was hindert's, dass ich mich taufen lasse? Und er ließ den Wagen

halten, und beide stiegen in das Wasser hinab, Philippus und der Kämmerer, und Philippus taufte ihn. Als sie aber aus dem Wasser heraufstiegen, entrückte der Geist des Herrn den Philippus, und der Kämmerer sah ihn nicht mehr; er zog aber seine Straße fröhlich. Apostelgeschichte 8 Verse 26-31.35.36.38.39

Philippus, einer der ersten kirchlichen Mitarbeiter, die es je gegeben hat, trifft auf einen Staatsbeamten im höheren Dienst, einen Finanzminister, herkommend aus Jerusalem, der wieder unterwegs in seine Heimat ist. Es scheint, als reise dieser allein auf seinem Wagen. Wohl eher war er es im Dienstwagen und mit ihm der personelle Apparat seines politischen Amtes. Und doch - er war auch in Jerusalem, um anzubeten.
Sicher, er war dies gewiss zudem im Auftrag seiner Regierung. In Jerusalem waren schließlich die Märkte angesiedelt. Hier trafen sich der Westen und der Osten, die Kaiser des Abendlandes mit den Königen aus dem Morgenland. Hier kamen Kämmerer aus dem Süden, um die Märkte des Nordens zu erkunden. Und doch, dieser war auch in Jerusalem, um anzubeten.

Der Tempel in Jerusalem bot dazu einen prächtigen Ort. Und wenngleich Jesus das eigene stille Kämmerlein als einen ebenso wertvollen Ort des Gebetes diesem in Nichts nachstellte, so sind doch ehrwürdige Gotteshäuser mit ihren Gemälden und Altären und deren Geschichten und Traditionen besondere Orte der Anbetung, die zudem die Zeiten und deren Generationen verbinden können.
Christen haben Kirchen und Muslime ihre Moscheen, Juden treffen sich in Synagogen und Hindus in ihren Tempeln... Und was ist allen

diesen Gotteshäusern gemeinsam? Diese Frage stellte ich einmal vor einer Gruppe von Kindern. Meine Gedanken zu Beginn der Adventszeit waren dabei im Vorfeld bereits auf die Kerzen ausgerichtet, deren Licht in allen Religionen eine doch wesentliche Rolle spielt. Was also findet man in allen Gotteshäusern dieser Welt? - „Menschen“ - so kurz und spontan und so viel besser konnte daraufhin ein achtjähriger Junge antworten.

Ja, in der Tat sind betende Menschen das, was allen Religionen gemeinsam ist. Menschen beten zu ihrem Gott. Subjekt jeden Glaubens und jeden Gebetes sind die Menschen selbst - und das Objekt bleibt ein Geheimnis.
Glaube und Gebete können Berge versetzen, so gab es auch Jesus einst seinen Nachfolgern mit auf den Weg. Welch verbindende Kraft könnte da nicht aus dem Beten der Menschen als einer inneren Haltung der Demut entstehen, wenn ..., ja wenn nicht ...? Wie viele Berge, die die Menschen in zuweilen engen Tälern wohnend voneinander trennen, könnten da nicht alles in Bewegung geraten, wenn... - ja wenn da nicht...?
Ja, Glaube könnte Berge versetzen, würden die einzelnen Subjekte in ihren Glaubensgemeinschaften und Religionen nicht hin und wieder hohen Mutes meinen, das Objekt ihrer Gebete, dieses große Geheimnis des Glaubens verstanden zu haben, um es danach der einen Schrift oder der anderen Offenbarung gemäß gleich für Alle einmal zu eigen oder gar zum Gesetz machen zu können. Die Demut des Gebetes besteht wohl doch am Ende darin, das Objekt der Anbetung in seiner Heiligkeit unangetastet zu lassen. Menschen jedoch bauen gerne Türme, dessen Spitze bis in den Himmel reicht.

Von oben lässt sich so auf diejenigen herabblicken, die zwar auch ihrer Türme haben mögen, aber der eigene bleibt natürlich der größte. Gerade auch in ihren Glauben betende Menschen stehen bisweilen in dieser Versuchung.
Welch Berge könnten betende Menschen versetzen, würden sie alle miteinander auf die Türme ihrer eigenen Glaubensgemeinschaft verzichten, alle miteinander mit beiden Füßen und in gesunder Demut auf dem Boden bleiben und gemeinsam das Geheimnis ihres Glaubens anbeten. Denn solange Gott für Glaubende ein heiliges Geheimnis bleibt, offenbaren sich deren Unterschiede als allzu menschlich; wenngleich diese allzu menschlichen Unterschiede im Glauben der Menschen denen wiederum zum Segen werden können, die sie als solche in ihrer wunderbaren Vielfalt und als gegenseitige Bereicherung stehen lassen können.

Auf seinem Heimweg las der Kämmerer in seiner wohl aus Jerusalem mitgebrachten Bibel. Und obwohl er nicht viel von den alten Schriften verstand, las er dennoch in ihnen. Natürlich, der kirchliche Mitarbeiter Philippus versuchte ihm, deren heilige Bedeutung etwas näher zu bringen. Ob dies ihm in seinen Predigten gelang, das darf jedoch an dieser Stelle getrost offen bleiben. Klare Zahlen waren dem mathematisch und logisch denkenden Kämmerer dann doch lieber als allzu lange oder gar zu tief über das Geheimnis des Glaubens nachzudenken.
Aber: Siehe, da ist Wasser; was hindert's, dass ich mich taufen lasse? Der Täufling war zwar schon erwachsen, aber das Geschenk des Lebens vor dem Schöpfer mit anderen zusammen zu feiern, dafür ist es nie zu spät. Und er ließ den Wagen halten, und beide

stiegen in das Wasser hinab, Philippus und der Kämmerer, und Philippus taufte ihn.
Eine doch ein wenig andere Taufe als es so Mancher nach der Ordnung der eigenen Kirche gewohnt ist. Ganz ohne Voranmeldung ist diese besondere Handlung geschehen und ganz ohne Taufschein, nicht einmal in einem Kirchengebäude und ganz ohne Festgottesdienst, ohne Taufpaten, auch keine Tauffragen. Ja, selbst die doch so wichtigen Fragen und Regeln zur Kirchengliedschaft als getauftes Kind oder noch ungetaufter Erwachsener gibt es hier nicht.

Siehe, da ist Wasser; was hindert's, dass ich vor meinem Schöpfer ein Fest auf das Leben feiere?
Weshalb nur macht der Mensch aus den einfachsten Dingen bisweilen nur so komplizierte Angelegenheiten? Da sagen die Einen, Taufpaten müssen schon Glieder der eigenen Kirche sein. Und wenn sie Glieder einer anderen Kirche sind, braucht es extra Formulare und Kirchenamtliche Bescheinigungen - wenn´s denn überhaupt möglich erscheint. Und die anderen sagen gar, Kinder werden aber nicht getauft, denn diese verstehen all das schließlich doch noch nicht. Als ob die Erwachsenen das Geheimnis geschenkten Lebens letztlich immer verstehen würden.

Was also hindert´s, immer dann ein Fest zu feiern, schenkt der Schöpfer neues Leben? Ja, und selbst mitten im Leben geschieht dies öfters als man manchmal denkt. Der Kämmerer zog am Ende seine Straße fröhlich, wenngleich auch diese um die Last seines Alltages keinen Bogen machte.

Wann immer also ein Mensch dankbar und vielleicht auch etwas fröhlich seine Straße ziehen kann, sollte ihm bewusst sein, dass dies wohl mit zu den größten Geschenken gehört, die das Leben zu bieten hat.

II SO SCHÖN KANN FEIERN SEIN

6

Feiern mitten im Leben - zum Beispiel Hochzeit

Mitten im Leben feierte der Kämmerer seine Taufe, andere werden zu Beginn ihres Lebens getauft. Hochzeit feiert der Mensch jedenfalls auf der Höhe seiner Zeit, mitten im Leben also.

Die Hochzeit mitten im Leben? Sich anvertraute und vertrauende Menschen, die ihre Trauung mit anderen zusammen in einem Fest feiern, empfinden es in der Regel ganz anders und sehen sich bei weitem noch nicht in der Mitte ihres Lebens angekommen. Das Leben hat man doch schließlich noch ganz und gar vor sich.

Ganz und gar das Leben noch vor sich haben? Na ja, zumindest den Rest seines Lebens hat auf jeden Fall jeder noch ganz und gar vor sich, gleich in welchem Alter.

Alles im Leben ist halt relativ und Gott sei Dank vor allem auch die Zeit. Natürlich ist sie dies nicht wirklich. Aus der Wirklichkeit des Menschen betrachtet, lässt sie sich ganz logisch, wenn auch bisweilen unbarmherzig, zählen und in immer gleichwährende Abschnitte einteilen. Aber auch die Wirklichkeit des Menschen ist freilich relativ und damit auch seine statische Sicht auf die Zeit.

Aber Gott sei Dank ist die Zeit am Ende eben doch wieder relativ. Alles hat eben seine Zeit - so wusste auch schon der weise König Salomo zu antworten. Und wenn alles seine Zeit hat, so hat eben auch die Zeit die ihre und wird einmal an ihrem Ende und vorüber sein.
Und hier sei Gott Lob und Dank gesagt, dass es eine Zeit geben wird, in der es keine mehr geben wird. Ewigkeit und nicht Zeit wird dann sein und die Ewigkeit hat dann wirklich keine Zeit mehr. Welch wunderbare Zeit wird dies dann sein. Zeit? Na ja, es bleibt halt doch alles relativ. Welch wunderbares Sein wird dies dann sein. Aber dies hat wirklich noch Zeit, denn jetzt ist erst einmal Hoch-Zeit.
Mitten im Leben feiert der Mensch seine Hochzeit. Nicht nur irgendein Lebensfest, sondern vielleicht gar doch das größte Fest des Lebens.

Jesus wuchs in der Provinz auf. Aber mit einem vernünftigen Blick auf die Dinge lässt es sich bekanntlich auch hier ganz gut leben.
Der höchste Berg in Jesu Heimat bleibt in seiner Höhe im gesunden Mittelmaß. Freilich hoch genug, dass Wolken ihn umgeben können, aber auch ohne Schutzausrüstung und Sauerstoffgerät noch gut erreichbar. Ein guter Ort, um sich einmal zurückzuziehen. Jesus tat dies bisweilen zum Gebet. Und auch das galiläische Meer blieb mit seiner Größe im gesunden Mittelmaß. Freilich groß genug, dass Fischer von ihm leben und auch Stürme auf ihm losbrechen konnten. Aber bei klarem Wetter ließ es sich dann doch noch ganz gut vom einen Ende zum anderen schauen.
Und so ließ es sich mit einem vernünftigen Blick auf das gesunde Mittelmaß ganz gut in Galiläa leben - und natürlich keinesfalls

schlechter feiern, wenngleich es schon einmal geschehen konnte, dass hier in der Provinz zu einem Hochzeitsfest der Wein ausging. Mag sein, dass dies in der großen Stadt undenkbar gewesen wäre, aber in Jerusalem kam auch nicht gleich das ganze Dorf zusammen, gab es eine Hochzeit.

In Kana jedenfalls ging einmal zu einer Hochzeit der Wein aus und Jesus war auch auf dem Fest. Aber es geschehen schließlich noch Zeichen und Wunder und Jesus hat ein Zeichen gesetzt, machte aus Wasser Wein und das Fest konnte weitergehen.
Und wenn der Evangelist Johannes gleich im zweiten Kapitel seines Evangeliums diese Geschichte erzählt, dann will auch er damit ein Zeichen setzen. Nicht irgendwelches Wasser verwandelte Jesus zu Wein. Für die Menschen in Kana war es das heilige Wasser aus den Krügen ihrer religiösen Reinigungshandlungen, das Jesus nahm, damit ein Lebensfest, ein Hoch-Fest, ja überhaupt das Lebensfest weitergehen kann.
Nur am Rande sei bemerkt, dass es einige Hektoliter waren, die hier zur Verfügung standen. Das Fest konnte also ordentlich weitergehen.

Das Leben geht weiter, in Kana auf der Hochzeit, aber selbst dann, wenn der Mensch nicht immer nur auf der Höhe der Zeit ist. Nur darf ihm dazu die Lebensgrundlage nicht endgültig genommen werden.
Das Leben geht weiter. Das Leben in der großen Stadt mag sich in mancherlei Weise unterscheiden von dem in der Provinz. Und wenngleich sich der Mensch in der Stadt bisweilen nach den schönen Seiten des Lebens auf dem Land sehnt und der auf dem

Land nach denen der Stadt, so bleibt doch Beiden gemeinsam, dass das Leben immer irgendwie weiter geht - ja, solange die wirklich nötige Lebensgrundlage einem nicht genommen wird.

Für die Menschen in Galiläa zurzeit Jesu war nun gerade die Hochzeit eine wesentliche, wenn nicht sogar die Garantie für eine tragende Lebensgrundlage. Und so feierten alle Beteiligten mit großer Freude dieses Fest des Lebens.
Die Brauteltern mussten wehmütig ihre Tochter hergeben, aber der Brautpreis, gezahlt von der Familie des Bräutigams, bot ihnen dafür die Lebensgrundlage für ihr Alter. Die Familie des Bräutigams musste sich dafür bisweilen hoch verschulden, aber die nachfolgende Generation nun mit am Hof zu haben, war wiederum die Lebensgrundlage für die kommende Zeit. Die Heirat bot Lebensgrundlage - für die Familie der Braut, für die Familie des Bräutigams, und hin und wieder wurde auch das Hochzeitspaar selbst gefragt, was sie denn von dieser Hochzeit und ihren Partnern halten. Bisweilen aber auch nicht, war doch die Heirat in Jesu Heimat in erster Linie Garantie sozialer Absicherung und Grundlage weiteren Lebens. Glück im Leben haben natürlich diejenigen dabei, bei denen die Liebe bei alledem noch hinzu kommt.

In anderen Kulturen und Zeiten soll dagegen die Liebe und nicht die Sicherung der Lebensgrundlage an erster Stelle einer Hochzeit stehen. Ein bekannter europäischer Wegbereiter einer auf Liebe basierenden Heirat war unter Anderen der Reformator Martin Luther. Er heiratete aus wahrer Liebe, und dies obwohl es ihm seinerzeit seinen bisherigen Job in der Kirche gekostet hatte.

Hier liegt es natürlich in der Natur der Dinge, dass in Kulturen, in denen Ehen ausschließlich aus Liebe geschlossen werden, die Scheidungsraten ziemlich hoch sind. Und solange zwei Menschen dabei sich nur selbst haben und deren Beziehung und Partnerschaft in keinen größeren Zusammenhang eingebunden ist, werden sie ohne die größte Not auch getrennte Wege gehen können, sollte die Liebe sie einmal nicht mehr verbinden. „Drum prüfe, wer sich ewig bindet!“ - ja, das alte Sprichwort mag hier in der Tat an Bedeutung verloren haben.
Wenn jedoch Kinder den Kreis dieser Beziehung erweitert haben und in diese nun auf ihre Weise ewig eingebunden sind, so sollte die Bedeutung Jahrtausende alter Lebensregeln zu keiner Zeit unterschätzt werden. „Prüfe, wer sich ewig bindet!“ Für diese Kinder bricht in jedem Fall die Lebensgrundlage weg, gehen deren Eltern plötzlich getrennte Wege. Sollte hier der Mensch vielleicht doch öfters überlegen, ob er sich scheiden lässt, selbst wenn die Liebe einmal nicht mehr trägt?

Wann immer also zwei Menschen zusammen kommen, um einer nächsten Generation das Leben zu schenken, ist dies in der Tat das höchste Fest im Leben, dann also ist Hochzeit. Und dies ist wohl doch bei weitem mehr als die Frage nach Trauscheinen oder die nach den Möglichkeiten verschiedener Formen von Partnerschaften. Wann immer zwei Menschen zusammen kommen, um einer nächsten Generation das Leben zu schenken - auf welche Weise dies auch immer in einer vielfältigen Gesellschaft möglich ist - ist es in der Tat das höchste Fest des Lebens und sollte in seiner Tragweite an Bedeutung niemals unterschätzt werden. „Drum prüfe, wer sich dadurch bindet." Und wer sich in dieser Weise bindet, muss freilich Anderes dafür aufgeben, wenngleich all zu langes Prüfen und Abwägen der nächsten Generation auch nicht gut tut.

Das Leben spielt natürlich oftmals anders mit als man denkt. Und doch: Wann immer zwei Menschen den Entschluss fassen, einer nächsten Generation eine Lebensgrundlage zu geben, ist das deren Hochzeit des Lebens. Und das darf gefeiert werden, auch wenn einmal der Wein dabei ausgeht. Das Leben geht dennoch weiter.

II SO SCHÖN KANN FEIERN SEIN

7

Feiern am Ende des Lebens - die Trauer feiern

Lassen sich Trauerfeiern am Ende eines Lebens so einfach in die Reihe der Lebensfeiern einreihen? Einfach sicher nicht. Schließlich will das Leben und soll nicht das Sterben gefeiert werden. Aber es geht in ihnen auch nicht darum, das Sterben zu verarbeiten, sondern vielmehr die Trauer - die Trauer um einen Menschen, der zusammen mit anderen durch diese Welt gegangen ist. Dass der Mensch sterben und von dieser Welt gehen muss, dies lässt sich in der Tat nicht beeinflussen. Die Trauer dagegen kann verarbeitet werden, wenngleich Trauerarbeit schwere Arbeit ist.

Lässt sich Trauer feiern? Gerade hier kann nun wieder an den Ursprung erinnert werden. Das „fanum“ darf die Quelle jeden Feierns sein. Das Religiöse, gar das Göttliche, das Geheimnisvolle, das Wunder- und das Sonderbare verbergen sich hinter dem, was sich in Worten und Liedern, in Gebeten und Riten zu besonderen Zeiten und an besonderen Orten vom Alltag des Lebens hervorhebt. Manche Lebensfeste sind Gott sei Lob und Dank so stark in den

Freuden und angenehmen Seiten dieser Welt verwurzelt, dass es bisweilen schwer fällt, einen über diese Welt hinausreichenden Blick zu wagen, während sie gefeiert werden. Trauerfeiern dagegen dürfen sich gerade auch von diesem Blick tragen lassen.

Man mag bei der Frage, ob das Sterben noch zum Leben in dieser Welt gehört, sehr unterschiedlich empfinden. Aber es wird wohl nicht verkehrt sein, diesen Weg hinüber zu neuen Ufern schon als das zu verstehen, welches diejenigen, die noch hier bleiben, letztlich doch nur als Geheimnis des Heiligen bezeichnen können.
Die Trauer dagegen gehört mit Sicherheit zum Leben in dieser Welt. Bereits auf dem Weg zu neuen Ufern wird es sie wohl nicht mehr geben. Jetzt jedoch steht sie noch an.
Aber Trauer kann auch in Gemeinschaft geschehen. Sicher wird jeder Einzelne sie auf seine Weise erleben müssen, und doch sind Trauerfeiern in erster Linie auch Momente der Gemeinschaft.

Menschen haben seit je her erfahren, dass es ihnen gut tut, wenn sie die Trauer als Teil ihres Lebens nicht irgendwie und irgendwo, sondern gerade an besonderen Orten erleben. Wohl mehr als alles andere im Leben wird die Trauer mit besonderen Orten verbunden und so ist sie dann auch an bestimmte Orte gebunden.
Zudem ist Trauer erleben am Ende noch weit mehr als dass sie nur mit Blick auf einen anderen Menschen geschieht. Es wird dem Lebensweg ebenso gut tun, auch das Denken an das eigene Sterben nicht zu verdrängen, sondern vielmehr zu verarbeiten. Ja, selbst die Trauer um die Gewissheit der eigenen Vergänglichkeit in

dieser Welt darf bereits verortet, ihr also Platz und Raum gegeben werden.
Geschichten erzählen das Leben und gerade auch die Bibel ist voll solcher Geschichten. Wie könnte es also anders sein, als dass auch Trauergeschichte zu ihnen gehören. Ich möchte uns solch eine Geschichte erzählen.

In seinem Leben zu Hause war auch Jakob einst gewesen. Einiges davon hatte ich bereits in einem anderen Buch erzählt - von ihm und seinem Zwillingsbruder. Ihr Vater hieß Isaak und ihr Großvater Abraham.
In Hebron waren sie als Familie zu Hause. Nicht immer hielt sich Jakob dort auf. Einmal musste er gar fliehen, um an anderen Orten zu leben und für sich und die Seinen sorgen zu können. Hebron aber blieb dennoch sein zu Hause. Man mag bisweilen jahrelang an anderen Orten unterwegs gewesen sein und die Menschen sind freilich auch hier ein wenig verschieden, und doch - Hebron war für Jakob sein zu Hause. Allein von daher war dieser Ort für ihn ein ganz besonderer; ein Ort, der ihm Kraft gab; ein Ort, der ihm Ruhe gab; ein Ort, an dem er zu Hause sein konnte; und das Familiengrab war auch am Ort.
In Hebron zu Hause waren Jakobs Kinder nun in der vierten Generation. Josef war einer der Söhne Jakobs. Auch er lebte und arbeitete viele Jahre weit weg von diesem Ort, gar im Ausland, er hatte dort eine gute Stellung. Aber auch für ihn blieb Hebron seine Heimat.
Für Abraham selbst, Jakobs Großvater, Josefs Urgroßvater, war dies nicht ganz so einfach zu sagen. Er stammte aus Ur im

Zweistromland. Er ging ganz und gar weg von dort, hat seine Heimat für immer hinter sich gelassen. Für Abraham gab es in Ur keine Zukunft mehr. Nicht, dass er schon wusste, wie sein neuer Weg aussah, auch Abrahams neuer Weg hatte wie viele andere die Eigenschaft, dass sie sich erst im Laufe des Gehens zeigen werden. Aber dass das Bisherige nun hinter sich zu lassen war, das spürte Abraham und packte seine sieben Sachen. Als eine ganz eigene Geschichte müsste auch dies ein andermal erzählt werden.
Abraham hatte also vor Jahren im Westen einen neuen Ort zum Leben und Arbeiten gefunden. In Hebron konnte er mit seiner Familie bleiben. Er blieb ein Fremder im neuen Land, aber er fand sich zu Recht, wenngleich es natürlich für ihn niemals Heimat werden konnte. Bei seinen Kindern und Enkeln sah dies schon anders aus. Hebron wurde ihr zu Hause und hier hatten sie auch ihr Familiengrab.

In Hebron zu Hause war Jakob nun alt geworden. Sein Sohn Josef lebte und arbeitete mittlerweile viele Jahre im Westen. Heimat bleibt natürlich Heimat, aber im Leben braucht man halt auch etwas zum Leben, und so Manche zog es daher von zu Hause weg. „Wenn nichts mehr geht, zieh´ nach Westen!“ In der Tat konnte der weise Ratschlag aus der Siedlerzeit Amerikas auch schon zu anderen Zeiten und anderen Orten seine Bedeutung unter Beweis stellen. Abraham zog einst in diese Richtung und lies sich in Hebron nieder und sein mittlerweile selbst altgewordener Enkelsohn Jakob zog seinem Sohn Josef nun hinterher, der bereits viele Jahre in Ägypten lebte. Ja, bisweilen müssen gar die Eltern in ihrem Alter noch einmal umziehen, um in der Nähe ihrer Kinder leben zu können. Die

Umstände verlangten dies von Jakob und Josef sorgte nun mit für seinen altgewordenen Vater.

> „Als nun die Zeit herbeikam, dass Jakob sterben sollte, rief er seinen Sohn Josef und sprach zu ihm: Habe ich Gnade vor dir gefunden, so lege deine Hand unter meine Hüfte, dass du die Liebe und Treue an mir tust und begräbst mich nicht in Ägypten, sondern ich will liegen bei meinen Vätern, und du sollst mich aus Ägypten führen und in ihrem Grab begraben. Und Jakob sprach: Ich will tun, wie du gesagt hast. Und Josef sprach: So schwöre mir. Und er schwor ihm."
>
> (Erstes Buch Mose, Kapitel 47, Verse 27 bis 31)

Gerade auch in Zeiten, in denen Familien nicht über Generationen hinweg an einen Ort leben, sind Trauerfragen ernst zu nehmende Fragen und so kamen die Beiden ins Gespräch. Trauerarbeit - vielleicht sollte die Trauer wirklich schon früher und nicht erst mit dem Sterbefall beginnen. Jakob dachte über seine letzten Wege in dieser Welt nicht nach, er dachte sie vor und überdachte sie zugleich mit seinen Angehörigen. Bedacht auch diese Wege anzugehen, bewahrt vor allem Josef davor, über diese Dinge später unbedacht und dann ohne seinen Vater nachdenken zu müssen.

Für Jakob war dies kein leichtes Gespräch und für Josef wohl noch weniger. Trauerarbeit ist keine leichte Arbeit, zumal die gesamte Familiengeschichte in sie eingebunden ist. Und Jakob selbst wusste aus der Beziehung zu seinem eigenen Vater um die Hürden, die sich dabei aufbauen. Die Hände unter die Hüften des zum liegen gekommenen Vaters legen, um ihn zu pflegen und am Ende zu Grabe zu tragen. Allein diese körperliche Berührung will dabei wie viele andere Dinge auch erst einmal emotional eingeübt und möglich sein. Gnade vor seinem Sohn muss hier ein Vater erst finden - so erzählen uns die Worte der biblischen Geschichte. Frieden mit seinem Vater muss hier ein Sohn erst finden, und die gesamte Lebensgeschichte fließt dabei mit ein. Nur wenig versteht sich dabei von selbst, zumindest bei Jakob und Josef und in deren Beziehung.

Den Frieden hier miteinander zu finden, muss natürlich auch bedeuten, manch Geschehenes nun einfach stehen zu lassen, wie es gewesen ist. Das vor den Füßen liegende bedacht vorzudenken und anzugehen ist allzumal besser als über Geschehenes noch allzu lange nachzudenken, das nun ohnehin nicht mehr zu ändern ist. Jakob hat manchen Grund, seinen Sohn um Verzeihung zu bitten und auch Josef hat so manchen, um das gleiche mit seinem Vater zu tun. Die Beiden konnten Frieden und Gnade hier gegenseitig finden, weil sie manchen Scherbenhaufen ihres Lebens einfach nur ihrem Gott anvertrauen konnten und dabei auf Gnade hoffen durften.
Der Familie half dabei, dass der Großvater Abraham ihnen ein gnädiges Gottesbild mit auf ihren Weg gegeben hat. Ja, gerade auch dafür ging einst Abraham ganz neue Wege, weil er mit Menschen nicht mehr umgehen konnte, die ihren Kindern so von Gott erzählten, dass deren Kinderglaube dabei geopfert wurde und diese später angstvoll Türme bauten, deren Spitzen bis in den Himmel reichten - in der Hoffnung, von dort aus mit ihren Opfern die Götter besser erreichen und schneller gnädig stimmen zu können.

Abraham ging ohne seinen Isaak dabei opfern zu müssen gerade auch im Glauben einst ganz neue Wege und so brauchten auch Jakob und Josef über die Scherbenhaufen ihres Lebens nicht allzu lange nachzudenken, sondern konnten im Glauben an den gnädigen Gott ihrer Vorfahren darüber Frieden finden. Ihre ganze Kraft brauchten sie nun ohnehin für die Zeit, die vor ihnen lag.

In Hebron hatten sie ihr Familiengrab. Auch hier war es Abraham selbst, der in guter Weise am neuen Ort vorgesorgt hatte. Für Abraham war Hebron einst neues Land. In der Fremde lebte er und als Fremder ging er einst zu den Hetitern, um ihnen ein Stück Land abzukaufen. Ein Stück Land, um die Toten zu begraben. Gerade die Trauer braucht in der Regel einen festen Ort, an dem sie geschehen kann. Das wusste auch schon Abraham und kaufte dafür in der Fremde ein Stück Land.

Jakobs Großmutter Sara war die erste, die hier zu Grabe getragen wurde. Auch die Geschichte Efrons, des Hetiters, der Abraham dieses Land verkaufte, ist es Wert, ein andermal erzählt zu werden. Nicht alle Nachbarn gehen so fair miteinander um, zumal wenn der Eine dabei auch noch aus der Fremde kommt. Aber auch Efron wusste um die Bedeutung besonderer Orte beim Trauern von Menschen. Für ihn verstand es sich von selbst, diesem Wunsch Abrahams nachzukommen.

Und so war es auch Jakobs letzter Wunsch, einmal in der Heimat begraben zu werden. Es darf sogar vermutet werden, dass Josef seinen Vater ohnehin zurück nach Hause gebracht hätte. Manches versteht sich am Ende vielleicht doch von selbst. Aber für Jakob war es natürlich wichtig, seine letzten Wege in dieser Welt bedacht anzugehen und über seine Gedanken auch zu reden, um sich dessen auch gewiss zu sein. Trauerarbeit ist schwere Arbeit. Aber Jakob sprach bei aller gesunden Scheu mit seiner Familie darüber und ging sie an.

Feste Orte geben der Trauer einen Halt. Gräber sind Orte der Trauer. Der trauernde Mensch steht davor und blickt hinab auf das Grab. - „Aber, wir blicken auch auf zum Himmel." Gott sei Dank darf dieser Satz am Ende stehen - nicht nur bei Trauerfeiern, aber vor allem auch hier.

Printed by Books on Demand GmbH, Norderstedt / Germany